22512

CHOIX ÉDUCATIF

DE

LECTURES, RÉCITATIONS

ET

EXERCICES DE GRAMMAIRE

PAR

M. G.-B. R...

OFFICIER DE L'INSTRUCTION PUBLIQUE

Bien penser, bien parler, bien agir.

A CHAMBÉRY

CHEZ TOUS LES LIBRAIRES

—

1867

Se vend au profit de la Société de secours
mutuels des Instituteurs et Institutrices
du département de la Savoie.

———

2032. — Chambéry, imprimerie de F. Puthod.

AVERTISSEMENT

Nous devons expliquer succinctement le titre complexe du petit ouvrage que nous publions avec le désir de rendre l'œuvre des instituteurs plus facile et plus féconde.

I

Si l'enseignement de la lecture n'est pas un exercice purement mécanique, si l'on veut, en apprenant à lire aux enfants, former leur esprit et diriger leur âme vers l'amour du bien, peut-on mieux faire que de mettre sous leurs yeux les pages dans lesquelles les écrivains les plus autorisés ont exposé les idées et les sentiments qui constituent le fond même d'une bonne éducation ?

Avec de bons modèles, offrant de nombreuses variétés de forme et de ton, la curiosité est excitée, l'attention soutenue et les élèves sont entraînés à rompre la monotonie qu'on s'afflige d'entendre si souvent dans les écoles et qui n'est due ordinairement qu'au ton uniforme, à la construction traînante des phrases qu'ils ont l'habitude de lire. Comment les enfants s'animeraient-ils en présence d'un auteur qui n'inspire que la somnolence ?

Nous avons tenu essentiellement à la pureté, nous dirons à la sainteté des doctrines, et nous avons ajouté quelques notes, non pour tout expliquer, mais comme indication des commentaires qui doivent toujours accompagner les leçons de lecture.

II

Dieu, qui a bien fait toutes choses, a donné aux enfants, avec un vif désir de tout connaître, un moyen de tout apprendre, c'est-à-dire une mémoire presque sans limites quand elle est bien cultivée. Mais combien sont rares les instituteurs qui savent mettre à profit les ressources de cette faculté !

Les plus ignorants mêmes sentent et goûtent les avantages des récitations puisées aux bonnes sources, et la plus simple fable de La Fontaine, dite avec un peu de sentiment, au retour de la classe, dans les familles qui semblent avoir le moins d'attrait pour la poésie, y fait naître de douces jouissances et y sème la sympathie pour l'école et la reconnaissance pour celui qui la dirige.

Ces récitations, en meublant l'esprit de saines idées, de nobles sentiments, aident puissamment au progrès de la lecture, en facilitant la correction de la prononciation, du ton et de l'accent.

III

C'est par les bons exemples, par une pratique intelligente, que tout s'apprend. Étudier avec grand soin les modèles et s'appliquer à les imiter, voilà tout le secret de quiconque veut s'instruire.

Comment peut s'enseigner vite et bien la grammaire? Avec un livre très simple, très court, où les enfants revoient fréquemment les définitions et les règles principales qu'ils doivent savoir d'une manière imperturbable, et surtout au moyen d'exercices nombreux qui doivent être faits successivement de vive voix, au tableau noir, et par écrit hors des classes.

Ces exercices consistent en exemples ou applications fournis d'abord par le maître et trouvés ensuite par les élèves. On y ajoute, avec fruit, lorsque les corrections sont bien faites, des dictées et des analyses.

Mais, au lieu des phrases banales, souvent torturées, qui remplissent de trop nombreux volumes introduits sans un examen sérieux dans les écoles, n'y a-t-il pas tout avantage à puiser ses exemples dans les écrivains que la notoriété publique signale comme des maîtres dans l'art de bien dire?

Notez et faites chercher par les élèves les passages où se trouvent des applications de chaque règle. Qu'ils y cherchent, par exemple, beaucoup de noms propres, de noms communs, masculins ou féminins, au singulier et au pluriel; des adjectifs, des pronoms, des verbes de différentes espèces; des noms dont le pluriel se forme d'après telle ou telle exception; des verbes à tel temps, à tel mode; des applications des règles d'accord des adjectifs et des verbes, etc., etc. Qu'ils en fassent l'objet de permutations en mettant au singulier les verbes et noms qui sont au pluriel ou réciproquement.

Qu'ils y prennent des textes d'analyse pour l'application de tel ou tel principe, qu'ils y choisissent des phrases à conjuguer.

Nous insistons avec force pour qu'on leur fasse écrire de mémoire les morceaux qu'ils ont appris.

Qu'ils expliquent, qu'ils commentent, soit oralement, soit par écrit, les pensées ou maximes que nous avons réunies dans le but de provoquer la réflexion, la méditation attentive sur les grandes vérités par lesquelles les âmes s'élèvent et s'épurent.

Si les enfants parviennent, en un mot, à bien comprendre, à bien savoir ce petit volume, on peut être certain qu'ils auront fait un grand pas pour se former à l'heureuse habitude de *bien penser, bien parler et bien agir*.

Nous avons tenu à mettre sous les yeux des jeunes écoliers les noms des grands génies qui ont le plus honoré l'humanité, et surtout de ceux qui, par leurs écrits, ont fait aimer et admirer jusqu'aux extrémités de l'univers notre belle patrie.

CHOIX

DE

LECTURES, RÉCITATIONS

ET

EXERCICES DE GRAMMAIRE

————❦————

I

Sources du bonheur.

Jésus, un jour, se voyant entouré d'une foule nombreuse de peuple, monta sur une montagne, où il s'assit. Ses disciples se réunirent à ses côtés, et dans le bas se tenait la multitude. Tous les yeux étaient fixés sur lui, au milieu d'un profond silence. Jésus instruisit le peuple en ces termes :

« Bienheureux les pauvres d'esprit [1], parce qu'ils posséderont le royaume de Dieu.

« Bienheureux ceux qui pratiquent la douceur et la bienveillance, parce qu'ils seront maîtres de la terre [2].

---

[1] C'est-à-dire, qui sont pauvres par l'esprit et ne s'attachent point aux richesses, qui donnent généreusement, qui font un bon usage de la fortune, s'ils la possèdent, ou qui supportent la pauvreté avec courage, quand ils se trouvent dans l'infortune.

[2] Par la douceur et la bienveillance on attire, on gagne tous les cœurs.

« Bienheureux ceux qui sont affamés et altérés de la justice, car ils seront rassasiés.

« Bienheureux les miséricordieux, car ils obtiendront eux-mêmes miséricorde.

« Bienheureux ceux dont le cœur est pur, car ils jouiront de la présence de Dieu [1].

« Bienheureux ceux qui aiment la paix, car ils seront appelés enfants de Dieu [2].

« Bienheureux ceux qui sont persécutés pour la justice, car le royaume de Dieu leur appartient [3].

« Vous serez heureux lorsqu'à cause de moi les hommes vous chargeront de malédictions, qu'ils vous persécuteront et qu'ils diront faussement toute sorte de mal contre vous ; réjouissez-vous alors et faites éclater votre joie, parce qu'une grande récompense vous est réservée dans le ciel ; car c'est ainsi qu'ils ont persécuté les prophètes, qui ont été avant vous.

« Ne croyez pas que je sois venu détruire la loi ; je ne suis pas venu pour la détruire, mais pour l'accomplir.

« Vous savez qu'il a été dit aux anciens : Vous ne tuerez point ; et quiconque tuera méritera d'être condamné par le juge. Moi, je vous dis : Quiconque

---

[1] Dieu aime à demeurer dans les âmes pures.

[2] Les personnes qui se plaisent dans les guerres, les querelles, les procès, ne sauraient plaire à Dieu, ni mériter qu'il les traite comme ses enfants.

[3] Il n'est rien de plus grand, de plus beau que de souffrir pour la vérité et la justice. C'est ce qui a fait les martyrs.

se met en colère contre son prochain, lui dit des injures et le traite avec mépris, est digne de condamnation.

« Ne rendez pas le mal pour le mal qu'on vous a fait; ne vous vengez pas, mais rendez le bien pour le mal, afin de ressembler à votre Père céleste qui éclaire de son soleil les méchants comme les bons.

« Si quelqu'un veut plaider contre vous pour prendre votre tunique, abandonnez-lui encore votre manteau[1].

« Parlez toujours simplement, avec vérité et sincérité, sans jurements, sans exagération.

« Gardez-vous de faire des aumônes avec ostentation, comme font les hypocrites; et que votre main gauche ne sache pas le bien qu'a fait votre main droite. Faites vos aumônes en secret, et votre Père céleste, pour qui rien n'est caché, vous les rendra.

« Soyez parfaits[2], comme votre Père céleste est parfait.

« Faites aux autres tout ce que vous désirez qu'ils vous fassent. Aimez Dieu, aimez vos semblables; voilà toute la loi. »

La multitude était pleine d'admiration pour cette doctrine que Jésus enseignait avec autorité[3].

---

[1] Rien n'est plus funeste que les procès, qui sont ruineux même pour ceux qui les gagnent.

[2] Nous ne saurions atteindre à la perfection de Dieu; mais le but de la vie est de nous perfectionner par un travail incessant.

[3] Telle est la base de toute éducation, l'autorité, l'ascendant de celui qui enseigne.

Pensées et Réflexions.

Mon fils, écoute les conseils de ton père, et ne transgresse pas les ordres de ta mère, pour que la grâce vienne sur ta tête. *(Livre de la Sagesse.)*

Enfants, obéissez à vos parents, car cela est juste; honorez votre père et votre mère, c'est le premier commandement. (S. PAUL.)

Je ne sais rien dont un homme raisonnable doive être plus occupé que de rendre son fils le meilleur possible. (PLATON.)

Il n'y a que ceux qui veulent tromper le peuple qui puissent vouloir le retenir dans l'ignorance. (NAPOLÉON Iᵉʳ.)

Celui qui n'aime pas les autres hommes ne connaît pas Dieu, car Dieu est amour. (S. PAUL.)

Il ne faut qu'ouvrir les yeux et avoir le cœur libre, pour apercevoir, sans raisonnement, la puissance et la sagesse du Créateur, qui éclatent dans son ouvrage. (FÉNÉLON.)

Si de mauvaises maximes entrent dans l'esprit des enfants, il n'y a plus de remède. (BOSSUET.)

Une parfaite joie arrive avec le soir,
Pour qui sait avec fruit employer la journée.
(CORNEILLE.)

II

Naissance du Sauveur.

Dieu préparait au monde un grand et nouveau spectacle, quand il fit naître un roi pauvre ; et il fallut lui apprêter un palais et un berceau convenables. La foule et les riches avaient rempli les hôtelleries; il n'y a plus pour Jésus qu'une étable abandonnée et déserte , et une crèche pour le coucher.

Le voilà donc, se dirent les bergers, ce Sauveur qu'on nous a annoncé ! A quelle marque nous le fait-on connnaître ? A la marque d'une pauvreté qui n'eut jamais sa semblable. Non, jamais nous ne nous plaindrons de notre misère ; nous préférerons nos cabanes au palais des rois ; nous vivrons heureux sous notre chaume, et trop heureux de porter le caractère du Roi des rois. Allons répandre partout cette bienheureuse nouvelle; allons partout consoler les pauvres en leur disant les merveilles que nous avons vues.

Comme Dieu prépare la voie [1] à son Évangile [2] ! Chacun était étonné d'entendre ce beau témoignage

---

[1] Ici *voie* signifie *venue*.
[2] Le mot *Évangile*, formé de deux mots grecs , signifie *bonne nouvelle*.

de ces bouches aussi innocentes que rustiques[1]. La plénitude de leur joie éclate naturellement, et leur discours est sans artifice. Il fallait de tels témoins à celui qui devait choisir des pêcheurs[2] pour être ses premiers disciples et les docteurs futurs de son Église... Tâchons donc de sauver les pauvres et de leur faire goûter la grâce de leur état, et ne souhaitons point, pour nous, d'être riches; car que gagnons-nous? puisque, après tout, quand nous aurons entassé dignités sur dignités, terres sur terres, trésors sur trésors, il faut nous en détacher. (BOSSUET.)

Pensées.

L'homme qui rejette la religion se trouve sans défense au moment du combat. (BOSSUET.)

La naissance n'est rien où la vertu n'est pas. (CORNEILLE.)

Je hais comme les portes de l'enfer, celui qui parle d'une manière et pense de l'autre. (HOMÈRE.)

L'enfant qui n'a pas mérité la tendresse de ses parents, ne doit pas espérer les faveurs du ciel. (VIRGILE.)

On aime à voir un écolier studieux, et plus

[1] *Rustique* veut dire *de la campagne*, et quelquefois a le même sens que *grossier*.

[2] Plusieurs disciples et apôtres de Jésus-Christ, entre autres saint Pierre, étaient de simples pêcheurs.

encore un bon fils : ces enfants-là sont bénis de Dieu, ils prospèrent sur la terre et sont reçus au ciel. (Mme R.)

III

Justice de saint Louis.

Saint Louis[1] écoutait et examinait par lui-même, par son équité, les différends de son peuple. Il n'y avait point de barrières entre le roi et ses sujets, que le moindre ne put franchir. On n'avait besoin d'autre recommandation[2] ni d'autre crédit que celui de la justice, et c'était un titre suffisant pour être introduit auprès du prince que d'avoir besoin de sa protection.

Que j'aime à me le représenter, ce bon roi, comme l'histoire le représente, dans le bois de Vincennes[3], sous ces arbres que le temps a respectés, s'arrêtant au milieu de ses divertissements innocents pour écouter les plaintes et pour recevoir les requêtes[4] de ses sujets ! Grands et petits, riches

[1] Saint Louis, qui régnait au milieu du XIIIe siècle, fut le modèle des rois par sa justice, et donna les plus beaux exemples d'une piété éclairée.

[2] C'est ainsi que doivent faire toutes les personnes qui ont autorité. Elles doivent rendre la justice à tous, sans égard aux recommandations.

[3] C'est une ville qui touche à Paris, avec un château fort et un grand bois servant de lieu de promenade aux Parisiens.

[4] Demandes ou suppliques.

et pauvres, tout pénétrait jusqu'à lui indifféremment, dans le temps le plus agréable de sa promenade. Il n'y avait point de différence entre ses heures de loisir et ses heures d'occupation. Son tribunal le suivait partout où il allait, sous un dais de feuillage et sur un trône de gazon, comme sous les lambris dorés de son palais et sur son lit de justice[1], sans brigue[2], sans faveur, sans acception de qualité ni de fortune. Il rendait sans délai ses jugements et ses oracles, avec autorité, avec équité, avec tendresse ; roi, père et juge, tout ensemble. (FLÉCHIER.)

IV

Croyance en Dieu.

Les peuples peuvent bien être opposés de mœurs et de langage, séparés par des mers immenses, divisés par des rivalités sanglantes ; mais il est un point sur lequel ils se réunissent tous, c'est la croyance en Dieu. Ils pourront bien varier sur l'idée qu'ils s'en forment, les hommages qu'ils lui rendent, les rites sacrés du culte qu'ils pratiquent ; mais, sous ces formes diverses, le fond de la doctrine reste toujours. D'où viennent donc cette unité, cette

---

[1] On appelait autrefois lit de justice le siége sur lequel se plaçaient les juges pour prononcer leurs arrêts.

[2] On appelle brigue les démarches, non avouables, pour obtenir des faveurs dont on n'est pas digne.

antiquité, cette universalité et cette immutabilité de doctrine parmi tant de peuples divisés sur tout le reste? Où est la puissance qui a pu enchaîner les nations et les siècles à la même croyance?... Comment ne pas reconnaître ici la voix de la nature et de la vérité, qui a retenti dans l'univers et s'est fait entendre à tous les cœurs?

Pensées.

Je mets un frein à mon esprit pour qu'il ne s'égare pas loin du chemin de la vertu. (DANTE.)

Le travail est le père de toutes les merveilles durables du monde. (Th. MOORE.)

Diseur de bons mots, mauvais caractère. (PASCAL.)

Le but de tout homme qui commande aux autres doit être de rendre heureux tous ceux qui se trouvent sous son autorité. (CICÉRON.)

V

Les deux Renards.

Deux renards[1] entrèrent, la nuit, par surprise, dans un poulailler ; ils étranglèrent le coq, les poules et les poulets ; après ce carnage, ils apaisèrent leur faim. L'un, qui était jeune et ardent, voulait tout

---

[1] Le renard est un animal carnassier, vivant dans les bois et se retirant dans des terriers. On lui suppose beaucoup de ruse et de finesse.

dévorer; l'autre, qui était vieux et avare, voulait garder quelques provisions pour l'avenir. Le vieux disait : « Mon enfant, l'expérience m'a rendu sage; j'ai vu bien des choses depuis que je suis au monde. Ne mangeons pas tout notre bien en un seul jour. Nous avons fait fortune; c'est un trésor que nous avons trouvé, il faut le ménager. » Le jeune répondit : « Je veux tout manger, pendant que j'y suis, et me rassasier pour huit jours; car pour ce qui est de revenir ici, chanson[1]! Il n'y fera pas bon demain; le maître, pour venger la mort de ses poulets, nous étranglerait. » Après cette conversation, chacun prend son parti. Le jeune mange tant qu'il se crève et peut à peine aller mourir dans son terrier. Le vieux, qui croit bien plus sage de modérer ses appétits et de vivre d'économie, retourne le lendemain à sa proie et est assommé par le maître.

Ainsi, chaque âge a ses défauts : les jeunes gens sont fougueux et insatiables dans leurs plaisirs; les vieux sont incorrigibles dans leur avarice[2]. (Fénélon.)

VI

Bonheur de la vie champêtre.

Heureux celui pour qui la ville voisine est une terre étrangère! Il met sa gloire et sa religion à

[1] Je ne m'y fie pas plus qu'à de vaines chansons.
[2] La sagesse consiste dans la modération.

rendre heureux[1] ce qui l'environne. S'il ne voit dans ses jardins ni les fruits de l'Asie[2], ni les ombrages de l'Amérique[3], il cultive des plantes qui font la joie de sa femme et de ses enfants. Dès que ses blés sont mûrs, il rassemble ses parents, il invite ses amis, et dès l'aurore il y entre avec eux, la faucille à la main. Son cœur palpite de joie en voyant ses gerbes s'accumuler et ses enfants danser autour d'elles, couronnés de bleuets et de coquelicots; leurs yeux lui rappellent ceux de son premier âge et la mémoire des vertueux ancêtres qu'il espère revoir un jour dans un monde plus heureux. (BERNARDIN DE ST-PIERRE.)

VII

Les Abeilles.

Un jeune prince, au retour des zéphyrs[4], lorsque toute la nature se ranime, se promenait dans un jardin délicieux. Il entendit un grand bruit, et aperçut une ruche d'abeilles. Il s'approcha de ce spectacle, qui était nouveau pour lui; il vit avec

---

[1] Dieu nous a si bien faits pour la société que nous ne sommes heureux que par le bonheur que nous procurons à autrui.

[2] L'Asie est l'une des cinq parties du monde où les fruits sont excellents, et d'où nous sont venus les abricots, les cerises, les pêches, les prunes, etc.

[3] L'Amérique est une des cinq parties du monde, particulièrement renommée pour ses immenses forêts.

[4] C'est-à-dire, au commencement du printemps, époque à laquelle soufflent les vents doux et tièdes, qu'on appelle zéphyrs.

étonnement l'ordre, le soin et le travail de cette
petite république[1]. Les cellules[2] commençaient à
se former et à prendre une figure régulière. Une
partie des abeilles les remplissaient de leur doux
nectar[3], les autres apportaient des fleurs qu'elles
avaient choisies entre toutes les richesses du printemps. L'oisiveté et la paresse étaient bannies de
ce petit État[4]; tout y était en mouvement, mais
sans confusion et sans trouble. Les plus considérables d'entre les abeilles conduisaient les autres,
qui obéissaient[5] sans murmure et sans jalousie[6]
contre celles qui étaient au-dessus d'elles. Pendant
que le jeune prince admirait cet objet qu'il ne
connaissait pas encore, une abeille, que toutes les
autres reconnaissaient pour leur reine, s'approcha
de lui et lui dit : « La vue de nos ouvrages et de
notre conduite vous réjouit; mais elle doit encore
plus vous instruire[7]. Nous ne souffrons point chez

[1] Par l'instinct qui les dirige, les abeilles vivent en société et
forment une espèce de gouvernement ou de république, où règne
un ordre admirable, qu'on ne voit pas toujours dans la société
des hommes, que les passions entraînent vers le mal.

[2] Les cellules sont de petites loges formées de cire, dans lesquelles les abeilles enferment soit le miel, soit leurs œufs.

[3] On appelle nectar une boisson très douce comme le miel.

[4] État a le même sens que gouvernement.

[5] L'obéissance est la première vertu que doivent pratiquer les
enfants, qui malheureusement sont trop disposés à murmurer.

[6] La jalousie est un vice honteux, dont on se préserve en
songeant que le vrai bonheur ne se trouve que dans la vertu.

[7] Tout peut nous instruire; apprenons toujours, apprenons
surtout à bien faire.

nous le désordre ni la licence; on n'est considéra-
ble parmi nous que par son travail et par les talents
qui peuvent être utiles à notre république. Le mérite
est la seule voie qui élève aux premières places.
Nous ne nous occupons, nuit et jour, qu'à des
choses dont les hommes retirent toute l'utilité.
Puissiez-vous être un jour comme nous et mettre
dans le genre humain l'ordre que vous admirez chez
nous! Vous travaillerez par là à son bonheur et au
vôtre; vous remplirez la tâche que le destin vous a
imposée; car vous ne serez au-dessus des autres
que pour les protéger, que pour écarter les maux
qui les menacent, que pour leur procurer tous les
biens qu'ils ont droit d'attendre d'un gouvernement
vigilant et paternel. » (FÉNÉLON.)

VIII

Le Loup et le jeune Mouton.

Des moutons étaient en sûreté dans leur parc; les
chiens dormaient, et le berger, à l'ombre d'un grand
ormeau, jouait de la flûte avec d'autres bergers voisins. Un loup affamé vint, par les fentes de l'enceinte,
reconnaître l'état du troupeau. Un jeune mouton
sans expérience, et qui n'avait jamais rien vu, entra
en conversation avec lui : « Que venez-vous chercher
ici, dit-il au glouton[1]? — L'herbe tendre et fleurie,

---

[1] Les loups sont très gloutons ou voraces.

répondit le loup. Vous savez que rien n'est plus doux que de paître dans une verte prairie émaillée de fleurs, pour apaiser sa faim, et d'aller éteindre sa soif dans un clair ruisseau; j'ai trouvé ici l'un et l'autre. Que faut-il davantage? J'aime la philosophie[1], qui enseigne à se contenter de peu. — Il est donc vrai, répartit le jeune mouton, que vous ne mangez pas la chair des animaux et qu'un peu d'herbe vous suffit? Si cela est, vivons comme frères et paissons ensemble. » Aussitôt il sort du parc dans la prairie où le sobre philosophe le mit en pièces et l'avala.

Défiez-vous des folles paroles des gens qui se vantent d'être vertueux. Jugez-les par leurs actions et non par leurs discours. (FÉNÉLON.)

IX

Sentiments chrétiens.

J'aime la pauvreté, parce que Jésus-Christ l'a aimée. J'aime les biens, parce qu'ils donnent le moyen d'assister les misérables. Je garde fidélité à tout le monde. Je ne rends pas le mal à ceux qui m'en font; mais je leur souhaite une condition pareille à la mienne, où l'on ne reçoit pas de mal ni de bien de la part des hommes. J'essaie d'être juste, véritable[2], sincère et fidèle à tous les hommes, et

---

[1] Philosophie signifie amour de la sagesse.

[2] Ce mot ne s'emploie plus dans ce sens; on dit véridique pour désigner une personne qui aime et dit la vérité.

j'ai une tendresse de cœur pour ceux que Dieu m'a unis plus étroitement, et soit que je sois seul ou à la vue des hommes, j'ai en toutes mes actions la vue de Dieu qui doit les juger, et à qui je les ai toutes consacrées. Voilà quels sont mes sentiments [1], et je bénis, tous les jours de ma vie, mon Rédempteur qui les a mis en moi, et qui, d'un homme plein de faiblesse, de misère, de concupiscence, d'orgueil et d'ambition, a fait un homme exempt de tous ces maux par la force de sa grâce, à laquelle toute la gloire en est due, n'ayant de moi que la misère et l'erreur. (PASCAL.)

Pensées.

Celui qui se lève de bonne heure pour chercher la sagesse la trouve assise à sa porte. (SALOMON.)

O mon Dieu! j'ai trouvé en moi-même une merveilleuse connaissance de ce que vous êtes. (DAVID.)

L'amour du prochain est comme le berceau où l'amour de Dieu, quand il est formé dans nos cœurs, croît et se fortifie. (S. AUGUSTIN.)

La bonne éducation est celle qui peut donner au corps et à l'âme toute la beauté, toute la perfection dont ils sont susceptibles. (PLATON.)

Le travail nous procure trois grands biens : la santé, l'abondance, la gaîté. (SÉNÈQUE.)

La piété est tout l'homme. (BOSSUET.)

---

[1] Puissions-nous tous, comme Pascal, dire avec vérité que ce sont là nos sentiments et que nous agissons en conséquence !

X

Conseils aux Enfants. — Prière à Dieu.

Je parle à vous, enfants, qui commencez à avoir
de la connaissance. Dès qu'elle commence à poindre,
connaissez votre véritable père, qui est Dieu. Hono-
rez-le dans vos parents, qui sont les images de son
éternelle paternité; ayez sa crainte dans le cœur, et
apprenez de bonne heure à vous laisser enseigner,
corriger et conduire à sa sagesse [1]. Dites-lui :
« O Seigneur, de qui je tiens tout, je vous aimerai
à jamais; je vous aimerai, ô Dieu qui êtes ma force.
Allumez en moi cet amour [2]; envoyez-moi du plus
haut des cieux votre Saint-Esprit, ce Dieu qui ne
fait qu'un cœur et qu'une âme de tous ceux que vous
sanctifiez. » (Bossuet.)

XI

Les Roses gelées.

Albert avait planté dans un pot un petit pied de
rosier, qui, au commencement du printemps, était

[1] Se laisser instruire dans toutes ses études par la sagesse de
Dieu, se laisser corriger de ses défauts par la sagesse de Dieu, se
laisser conduire dans toutes ses actions par la sagesse de Dieu;
telle est la voie sûre et féconde d'une bonne éducation et d'un
fertile enseignement.

[2] Puisque Dieu est la justice et la bonté, aimer Dieu c'est aimer
la bonté et la justice, c'est-à-dire s'appliquer sans cesse à être juste
et bon.

déjà couvert de boutons d'une tendre couleur. Toutes les fois que le temps était beau, il plaçait le rosier devant la fenêtre, et, chaque soir, lorsque l'air de la nuit devenait trop vif, il avait soin de le rentrer dans sa chambre. Cependant, un soir, il ne crut point cette précaution nécessaire, parce que le temps paraissait calme et doux. Mais le lendemain matin les roses étaient flétries par la gelée. Albert pleurait en les regardant et disait avec douleur : « Une seule imprudence aurait donc détruit le fruit de tous mes soins ! En si peu de temps perdre ce qui m'a tant coûté ! — Ce petit accident, qui te fait tant de peine, lui dit sa mère, peut devenir pour toi la source d'un grand bonheur ; apprends par là que le mal est pour l'innocence ce que la gelée est pour un rosier en fleur et que, pour se préserver de tout vice, on a besoin de soins assidus et d'une continuelle attention. » (Ch. Schmid.)

XII

Les trois Violettes.

Le petit Alphonse croyait qu'il n'y avait que des violettes bleues. Un jour, il en trouva dans le jardin quelques-unes qui étaient blanches comme la neige et d'autres qui, brillant aux rayons du soleil du matin, étaient rouges comme du feu[1]. Il en cueillit

---

[1] Les violettes de cette couleur rouge sont assez rares ; mais on en trouve même dans les champs.

une bleue, une blanche et une rouge, et les porta, plein de joie, à sa maman. Celle-ci lui dit : « Ces trois sortes de violettes ne sont pas si rares que tu le penses ; cependant, c'est toujours une heureuse découverte ; et tu dois t'en réjouir si tu n'oublies pas de quoi elles sont les emblèmes[1]. La violette dont la couleur est d'un bleu tout simple est, comme tu le sais, une image de la modestie et de l'humilité ; quant à la violette blanche, qu'elle soit pour toi le symbole de l'innocence et de la douceur ; enfin, la rouge te dit : « Aie toujours dans le cœur un ardent amour pour tout ce qui est bien, juste et bon. » (SCHMID.)

XIII

Un beau Fruit.

Le petit Louis examinait, au jardin, des plantes étrangères déposées dans des vases. Sur un arbuste peu élevé, dont les feuilles étaient d'un vert foncé, il vit un fruit d'une forme oblongue et dont la rougeur surpassait celle de la pourpre et de l'écarlate[2] : « Quel admirable fruit! s'écria-t-il ; il n'en existe pas de plus beau dans le jardin. Oh! il doit avoir un excellent goût. » Il regarda soigneusement autour de

---

[1] On appelle emblème une chose dont on se sert pour en désigner une autre. La suite de ce récit fait bien comprendre le sens de cette expression.

[2] La pourpre et l'écarlate sont des couleurs d'un rouge vif.

lui si personne ne l'observait, cueillit le fruit et le porta à sa bouche. Mais tout-à-coup il sentit sur ses lèvres comme un feu ardent et rejeta bien vite le fruit en versant des larmes. Cependant la vive douleur qu'il ressentait ne se calmait pas. Sa mère accourut à ses cris et lui dit : « Désobéissant que tu es, combien de fois ne t'ai-je pas défendu de manger ce que tu ne connais pas? Tu as été puni de ta désobéissance, tu es même fort heureux de n'avoir pas avalé ce fruit, car il aurait pu te coûter la vie. Ce fruit, qu'on nomme le poivre d'Espagne[1], est la vive image du péché, qui nous séduit par une apparence trompeuse, mais dont la jouissance n'entraîne après elle que la douleur et la mort. » (SCHMID.)

XIV

Bienfaisance.

L'hiver était froid et rigoureux. La petite Mina, fille unique de parents bienfaisants, ramassait les miettes de pain qui étaient tombées de la table et les gardait soigneusement ; puis elle allait, deux fois le jour, les répandre dans le jardin. Les oiseaux accouraient et les becquetaient avec avidité. Cependant la petite fille avait les mains toutes tremblantes de froid, et elle ne se plaignait pas.

[1] L'Espagne est une contrée de l'Europe, au sud de la France.

Ses parents l'épièrent un jour, et, se réjouissant de lui voir faire cette bonne action, ils lui demandèrent : « Pourquoi fais-tu cela, Mina? — C'est que tout est couvert de neige et de glace, répondit Mina ; les petits oiseaux ne peuvent rien trouver, et maintenant ils sont pauvres. C'est pour cela que je leur donne à manger, de même que les hommes riches soutiennent et nourrissent les pauvres. — Mais tu ne peux pas nourrir tous les oiseaux, » reprit le père.

Mina répondit : « Est-ce que tous les enfants ne font pas comme moi par toute la terre, de même aussi que tous les riches ont soin des pauvres? »

Le père regarda la mère et dit : « O céleste simplicité ! » (KRUMMACHER.)

Pensées.

Les chênes et les hêtres sont nos précepteurs, car il est certain que les relations directes avec la nature sont pleines d'enseignements et que l'étude des arbres est un grand moyen de moralisation. (S. BERNARD.)

Les bienfaits commencés s'achèvent dans les cieux. (Mme DE GIRARDIN.)

Dans le bonheur d'autrui je cherche mon bonheur. (CORNEILLE.)

Parcourez toutes les conditions de la société, il n'en est pas une où il ne faille conquérir par le travail les avantages qu'on désire. (S. CHRYSOSTOME.)

J'ai cru que le pouvoir et les trésors n'étaient rien auprès de la sagesse. (SALOMON.)

Sachons qu'on devient tel que ceux qu'on voit souvent.
(LAFONTAINE.)

XV

Anciens usages.

Nul ne respecte plus que moi la mémoire de nos braves pères et grands-pères : Dieu ait leurs âmes ! Mais il y a un fait qui saute aux yeux de tout le monde : ils étaient de leur temps ; soyons du nôtre. Ils agissaient selon les nécessités de leur époque : imitons-les, non pas en faisant toujours exactement comme eux, puisque les circonstances ne sont pas les mêmes, mais en nous conformant aux exigences du temps où nous vivons.

Je ne blâme pas, en principe, l'aversion des cultivateurs pour les innovations ni leur attachement aux anciennes coutumes. Nous avons de lourdes charges et des ressources très limitées ; avec la culture que nous connaissons, on sait où l'on va ; on compte sur un résultat, peu brillant peut-être, mais assuré. Avec des procédés nouveaux, qui n'ont pas la sanction de l'expérience, on marche vers l'inconnu, et l'on peut s'attendre à de tristes déceptions.

Mais je vous rappelle que tout, dans ce monde, a eu un commencement ; qu'il n'y a rien d'ancien qui n'ait commencé par être nouveau, et qu'en fait il faut adopter ou rejeter un procédé nouveau pour nous, non pas parce qu'il est nouveau, mais parce que, après mûr examen, nous l'avons trouvé bon ou mauvais. Grâce aux admirables institutions des comices agricoles et des concours régionaux, nous avons de fréquentes occasions de sortir de notre isolement, de voir, d'apprécier, de juger les travaux de ceux qui cultivent autrement que nous, qui réussissent et qui obtiennent des récompenses dans les solennités agricoles. Voilà dans quel sens je pense que nous ne devons pas tenir avec trop d'obstination aux anciens usages du pays et ne pas rejeter sans examen ce qui est nouveau. (YSABEAU.)

XVI

L'Espérance.

Il est dans le ciel une puissance divine, compagne assidue de la Religion et de la Vertu. Elle nous aide à supporter la vie, s'embarque avec nous pour nous montrer le port dans les tempêtes[1], également douce et secourable aux voyageurs célèbres, aux passagers inconnus. Quoique ses yeux soient couverts d'un bandeau[2], ses regards pénètrent l'avenir; quelque-

[1] La vie est souvent comparée à un voyage sur une mer orageuse, à cause des tourments qui la traversent.
[2] L'espérance est souvent représentée avec un bandeau sur les yeux, pour exprimer la pleine confiance qui l'anime.

fois elle tient des fleurs naissantes dans sa main, quelquefois une coupe pleine d'une liqueur enchanteresse; rien n'approche du charme de sa voix, de la grâce de son sourire; plus on avance vers le tombeau, plus elle se montre pure et brillante aux mortels consolés; la Foi et la Charité lui disent: « Ma sœur ! » et elle se nomme l'Espérance. (CHATEAUBRIAND.)

XVII

Commencements de l'histoire.

Tout commence [1] : il n'y a point d'histoire ancienne où il ne paraisse, non-seulement dans ces premiers temps, mais encore longtemps après, des vestiges manifestes de la nouveauté du monde. On voit les lois s'établir, les mœurs se polir et les empires se former. Le genre humain sort peu à peu de l'ignorance; l'expérience l'instruit, et les arts sont inventés ou perfectionnés. A mesure que les hommes se multiplient, la terre se peuple de proche en proche; on passe les montagnes et les précipices; on traverse les fleuves et enfin les mers, et on établit de nouvelles habitations. La terre, qui n'était au commencement qu'une forêt immense, prend une autre forme; les bois abattus font place aux champs, aux pâturages,

---

[1] Bossuet raconte, dans un style grandiose, comment la terre s'est peuplée et les nations se sont formées.

aux hameaux, aux bourgades et enfin aux villes. On s'exerce à prendre certains animaux, à apprivoiser les autres et à les accoutumer au service. On eut d'abord à combattre les bêtes farouches. Les premiers héros se signalèrent dans ces guerres. Elles firent inventer les armes, que les hommes tournèrent après contre leurs semblables. Nemrod, le premier guerrier et le premier conquérant, est appelé dans l'Écriture [1] un fort chasseur. Avec les animaux, l'homme sut encore adoucir les fruits et les plantes ; il plia jusqu'aux métaux à son usage et peu à peu il y fit servir toute la nature. (BOSSUET.)

Pensées.

L'agriculture donne une belle forme au corps et fournit les moyens de servir ses amis et sa patrie. (XÉNOPHON.)

La satisfaction qu'on retire de la vengeance ne dure que peu de moments ; mais celle que produit la clémence ne finit jamais. (HENRI IV.)

Vous aimez la joie, le repos, le plaisir ! J'ai goûté de tout et je n'ai trouvé de joie, de repos, de plaisir que dans le service de Dieu. (Mme DE MAINTENON.)

Il est trois monstres bien redoutables : l'ennui, la

---

[1] On appelle *Écriture-Sainte* ou simplement *Écriture* les livres *écrits* par excellence, c'est-à-dire l'ancien et le nouveau Testament.

misère et le vice ; mais le travail suffit pour nous en délivrer. (R.)

Souvenez-vous-en bien, l'éducation ne consiste pas seulement à orner la mémoire et à éclairer l'entendement, elle doit surtout s'occuper à diriger la volonté. (JOUBERT.)

Les enfants doivent être accoutumés de bonne heure à une chose très sainte, savoir : à dire la vérité, car le mensonge est un vice d'esclave. (PLUTARQUE.)

Le devoir marche toujours à travers des écueils. (NAPOLÉON III.)

La vraie sagesse est modeste, amie de la joie, pleine d'indulgence, sans dissimulation et sans envie. (GERSON.)

XVIII
Le Nid de l'Hirondelle.

Heureuse et mille fois heureuse la maison aux nids d'hirondelles ! Elle est placée, entre toutes les autres, sous les auspices[1] de cette douce sécurité dont les âmes pieuses croient avoir obligation à la Providence. Et, en effet, sans chercher dans l'hirondelle un instinct[2] merveilleux de prophétie, que

---

[1] *Auspice* signifie ici *protection*.
[2] L'instinct est la faculté qui fait agir soudainement, sans réflexion, l'homme et les animaux.

les poëtes lui accordent un peu trop libéralement[1],
n'est-il pas permis de supposer du moins qu'elle
n'est point privée de l'instinct commun à tant d'autres
espèces, qui leur fait deviner le séjour le plus assuré
d'une famille en espérance! Ne craignez pas qu'elle
se loge sous la paille inflammable d'un toit champêtre,
ni sous les fragiles soliveaux d'une baraque nomade[2]!
Elle a si grand peur des mutations qui bouleversent
nos domiciles d'un jour, qu'on la voit se fixer de
préférence aux édifices abandonnés, dont nous
nous sommes fatigués de remuer les ruines, et que
n'inquiète plus le mouvement d'une population tur-
bulente. Les hommes n'y sont plus, dit-elle, et elle
construit paisiblement sa demeure aux lieux qui ont
déjà vu passer plus d'une génération, sans s'émouvoir
de leurs ébranlements. Qu'elle habite les villes ou les
campagnes, elle ne se fixe qu'à la maison paisible où
nul bruit ne troublera sa petite colonie[3], et à l'abri
de laquelle la hutte[4] solide qu'elle s'est si soigneusement pratiquée peut s'abriter assez longtemps pour

[1] Il n'est plus une personne sérieuse et instruite qui suppose
aux oiseaux, comme on l'a fait dans les temps d'ignorance, le don
de prédire l'avenir.

[2] Nomade veut dire qui n'est pas stable, qui se déplace facilement.

[3] On appelle colonie une réunion de personnes qui se sont fixées
dans un pays étranger. On donne aussi ce nom au lieu même que
ces personnes occupent.

[4] Une hutte est une cabane en terre, comme les nids des
birondelles.

lui épargner, l'année prochaine, de nouveaux labeurs. Si vous l'avez observée, notre hirondelle se prévient volontiers en faveur des figures bienveillantes; elle se fie, comme une étrangère de lointain pays, aux procédés du bon accueil; elle aime qu'on ne la dérange pas, et s'abandonne à qui l'aime. Je ne suis pas sûr que sa présence promette le bonheur pour l'avenir; mais elle me le démontre intelligiblement dans le présent. Aussi, je n'ai jamais vu la maison aux nids d'hirondelles sans me sentir favorablement prévenu en faveur des habitants. Les valets n'y sont pas cruels; les enfants n'y sont pas impitoyables; vous y trouverez quelque sage vieillard ou quelque douce jeune fille qui protége le nid de l'hirondelle. (Charles NODIER.)

XIX

De la Charité.

Quels moyens avons-nous d'employer, selon le vœu de la sagesse divine, nos loisirs, nos ressources, nos facultés?

Il en est un qui, dans son immense étendue, suffit, et bien au delà, à toutes ces conditions, l'exercice de la charité; non de cette charité bornée, superficielle, qui se contente de donner des aliments et des vêtements aux malheureux que le sort jette devant ses pas; mais de cette charité prévoyante, élevée, qui va au-devant de toutes les infortunes, s'adresse à tous les besoins, aux misères de l'âme comme à celles de la vie, et ne nourrit pas seulement de pain ceux qu'elle prend sous sa protection.

Le moment est opportun, car jamais l'action de cette grande, de cette vraie charité, n'a été à la fois plus nécessaire et plus facile. Malgré ses torts, malgré sa faiblesse morale, le siècle dernier a eu un mérite nouveau, immense : il a aimé les hommes, tous les hommes. La justice envers tous, la sympathie pour tous, le désir de la dignité et du bonheur de tous, l'humanité, pour tout dire en un mot, c'est là l'idée sainte et puissante qui, au milieu de tant de folies et de tant de maux, a déjà valu et vaudra encore à nos sociétés modernes tant et de si beaux progrès. L'esprit d'humanité, le respect et le soin de l'homme, dans toutes les conditions et sous toutes les faces de sa destinée, c'est là vraiment l'esprit du siècle, l'esprit nouveau et fécond qui anime le monde et présidera à son avenir.

Que la charité s'empresse donc; son temps est venu; c'est pour elle qu'on travaille en recherchant incessamment toutes les souffrances, toutes les misères de la société humaine, en les mettant en lumière, en propageant avec tant d'ardeur ce besoin d'amélioration, cette soif de bien-être qui caractérisent notre époque. Longtemps les riches, les puissants, les heureux de la terre, ont pu, en quelque sorte, ignorer les pauvres, les faibles ; il n'en est plus de même aujourd'hui : de toutes parts les faibles, les pauvres sont mis en avant, se mettent en avant eux-mêmes ; de toutes parts on réclame pour eux, on leur fait de magnifiques promesses ; j'espère qu'elles ne seront pas toutes trompeuses ; j'espère que l'amélioration, déjà si grande, du sort des pauvres et des faibles, ira se développant et qu'on apprendra à concilier, avec le progrès du bien-être, celui de la moralité. Mais je suis bien sûre qu'ici comme ailleurs, les hommes promettront beaucoup plus qu'ils ne pourront tenir. Je suis bien sûre qu'on mettra au jour plus de souffrances qu'on n'en saura soulager, qu'on excitera plus de prétentions au bonheur qu'on n'en pourra satisfaire; et lorsque la science et les institutions politiques auront atteint leurs limites, à quelle puissance s'adressera-t-on pour accomplir ce qu'on n'aura pas fait, sinon à la charité ! Qui, sinon la charité, entreprendra de guérir, d'adoucir du moins tant de misères qu'on aura révélées pour les laisser tomber ensuite sur elles-mêmes ?

A vous, ô mon Dieu ! je le sais, à vous seul appartint de verser, sur les plaies de tant d'hommes, le baume véritable, le baume de la foi et de l'espérance en vous et en vous seul. Mais vous permettez, vous commandez à la charité de consacrer ses efforts à cette œuvre ; et jamais, j'ose le dire, au milieu des perspectives si brillantes qu'on ouvre maintenant devant tous les yeux, jamais son zèle n'aura été plus indispensable, jamais elle n'aura eu plus à faire que de notre temps[1]. (Mme Élisa GUIZOT.)

XX

Amour filial. — Prière.

Un enfant, le cœur brisé de douleur à la vue de son père sur le point de descendre au tombeau[2], élevant au ciel les yeux baignés de pleurs, adressa cette humble prière à l'Éternel[3] :

« Souverain créateur de la terre et des cieux, être puissant et juste, j'ose implorer, en ce jour, ta bonté en faveur de mon père souffrant.

« O mon Dieu, je ne dois pas espérer que tu changes les voies de ta providence, pour exaucer les vœux d'un enfant qui t'implore; je ne te demande

---

[1] Il est vrai de dire aussi que jamais la charité ne s'est montrée aussi active, aussi généreuse, aussi intelligente que de nos jours. Ce qui est digne de remarque surtout, c'est la transformation qui s'opère dans les œuvres de charité. Autrefois on donnait, à la porte des couvents surtout, du pain qui provoquait à la paresse et au désordre; aujourd'hui on nourrit dans de bonnes conditions hygiéniques les invalides, on fournit à ceux qui peuvent s'y livrer un travail qui les moralise et maintient en eux le sentiment de la dignité; on distribue surtout largement l'instruction, l'éducation, qui assurent à tous ceux qui les possèdent un avenir prospère.

[2] Une personne qui est près de mourir.

[3] Dieu seul est éternel, et c'est par cette qualité qu'on le désigne.

que la force de souffrir, et quelque consolation dans l'anxiété [1] affreuse qui déchire mon àme consternée.

« Cependant, Seigneur, si ma prière ne contrarie point tes décrets immuables, je t'en conjure, rends un tendre époux à notre mère éplorée ; rends lui l'objet chéri qui partage son affection, son bonheur et ses peines. Rends à des enfants inconsolables leur plus ferme appui et leur plus douce espérance. Nous t'en supplions, fais cesser le mal qui consume l'auteur de nos jours, en éloignant son trépas !

« Permets, ô mon Dieu ! permets que le mortel qui nous apprit, dès le berceau, à admirer tes merveilles et à célébrer tes nombreux bienfaits, ah! permets que notre bon père reste encore avec nous; qu'il puisse annoncer, par de saints cantiques, ta grandeur et ta magnificence, qu'il vive, oui, qu'il vive, notre bon père, pour enseigner tes louanges aux enfants de nos enfants ! » (***)

XXI
Avantages de l'obéissance.

M. Eudoxe rencontra un jour l'un de ses élèves, François, qui, les yeux pleins de larmes et la tête baissée, s'en allait tristement dans la rue. « Qu'avez-vous donc, mon enfant, à pleurer de la sorte? Où

---

[1] Tourment, grande inquiétude.

allez-vous ainsi? — Je m'en vais, répondit l'enfant, mes parents m'accablent de reproches, et je ne veux plus rester avec eux. Jamais ils ne me laissent tranquille; sans cesse ils me réprimandent et m'accusent tantôt d'avoir manqué de respect ou de politesse, tantôt de n'avoir pas fait assez promptement ce qu'ils m'avaient commandé, tantôt de ne pas tenir avec assez d'ordre mes livres ou mes vêtements; que sais-je, enfin je n'y tiens plus et je m'en vais. — Malheureux enfant, dit M. Eudoxe, qu'allez-vous devenir? Où trouverez-vous quelqu'un qui vous fournisse la nourriture et les vêtements? Cette nuit même, savez-vous où vous pourrez la passer? Vos parents, dites-vous, sont trop exigeants, trop sévères; mais croyez-vous que des étrangers le seront moins? Trouverez-vous même des étrangers qui consentent à vous recevoir? Quel travail êtes-vous capable de faire pour subvenir à vos besoins? Et puis ne comptez-vous pour rien la douleur que vous causeriez à votre mère, qui se désolerait de vous savoir dans la peine et dans la misère peut-être! Et Dieu, mon enfant, ne pensez-vous pas qu'un jour ou l'autre il vous punirait d'avoir manqué de reconnaissance et de soumission à vos parents? Retournez plutôt auprès d'eux, suppliez-les de vous pardonner les fautes que vous avez commises et promettez-leur de ne plus négliger dorénavant vos devoirs. Du reste, je connais un moyen assuré d'empêcher que vous soyez jamais réprimandé ; et, si vous voulez faire ce que je vais vous dire, vous recevrez, au contraire, journellement des éloges, et en remplissant de joie le cœur de vos bons parents vous n'aurez vous-même que des sujets de contentement et de bonheur. »

Le pauvre François, qui n'avait pas réfléchi à tout ce que venait de lui dire M. Eudoxe, sentit alors combien il serait malheureux loin de ses parents et pria l'instituteur de lui indiquer les moyens d'éviter les réprimandes, promettant de suivre exactement la direction qui lui serait donnée.

« Tous vos maux proviennent, reprit M. Eudoxe, de ce que vous n'avez pas obéi à vos parents. N'est-il pas vrai que vous ne faites que lentement, sans soin, sans attention, et que parfois vous ne faites même pas du tout ce que votre mère vous a commandé? Ainsi elle vous engage à vous montrer poli et respectueux, à vous tenir proprement, à mettre en ordre vos livres, vos cahiers, vos habits ; elle vous recommande de travailler, de ne pas rester oisif ; elle vous enseigne à élever fréquemment votre âme vers Dieu, auteur de tout bien. Dites-moi, ne vous semble-t-il pas facile d'agir comme le désire votre mère? Retenez bien ceci, mon cher enfant : *Habituez-vous à obéir promptement; exécutez avec ponctualité les ordres de votre père et de votre mère, soyez soumis à leurs conseils, et jamais ils ne vous adresseront de reproches.* Ce n'est pas tout : épiez les désirs de vos

5

parents; appliquez-vous à deviner ce qui peut leur plaire, ce qu'ils voudraient que vous fissiez, mais qu'ils ne croient pas devoir vous commander, et faites-le avec zèle, avec délicatesse; vous les comblerez de joie, ils vous béniront en rendant grâce à Dieu pour votre sagesse, et vous serez le plus heureux des enfants. »

Comme François hésitait, M. Eudoxe, le prenant par la main, le ramena près de sa mère, qui, après avoir entendu le récit de ce qui venait de se passer, embrassa tendrement son fils, en écoutant les promesses qu'il lui faisait de changer de conduite.

M. Eudoxe ne tarda pas à remarquer dans son élève un air de satisfaction et de bonheur qui s'exprimait dans tous ses mouvements et qui rayonnait[1] sur sa figure. Un jour François, en arrivant en classe, se jeta dans les bras du bon maître : « Ah ! Monsieur, dit-il, que je vous dois de reconnaissance ! j'ai mis en pratique vos sages conseils ; je me suis appliqué à conformer ma conduite au désir de mes parents, et cela m'a été bien facile, puisqu'ils ne veulent jamais que ce qui peut m'être le plus avantageux ; j'ai cherché autant qu'il m'a été possible à faire à l'avance ce que je savais pouvoir leur plaire, et jamais je ne reçois de réprimande ; au contraire, mon père et ma mère

---

[1] La joie, le bonheur, produisent une espèce de rayonnement dans tous les traits du visage et surtout dans les yeux ; c'est ce qu'exprime l'auréole qu'on place autour de la tête des images des saints justement appelés bienheureux.

me donnent des marques incessantes de leur tendresse et de leur satisfaction. »

XXII

Dieu manifesté par la création.

Dieu a établi les cieux au-dessus de nos têtes
comme des hérauts [1] célestes qui ne cessent d'annoncer à tout l'univers sa grandeur. Leur silence
majestueux qui parle [2] la langue de tous les hommes
et de toutes les nations, c'est une voix entendue
partout où la terre nourrit des habitants. Qu'on
parcoure jusqu'aux extrémités les plus reculées de
la terre et les plus désertes, nul lieu dans l'univers,
quelque caché qu'il soit au reste des hommes, ne
peut se dérober à l'éclat de cette puissance qui brille
au-dessus de nous, dans les globes [3] lumineux qui
décorent le firmament. Voilà le premier livre que
Dieu a montré aux hommes pour leur apprendre
qu'il était; c'est là qu'ils étudièrent d'abord ce qu'il
voulait leur manifester de ses perfections infinies;
c'est à la vue de ces grands objets que, frappés

[1] Les hérauts sont des hommes chargés de proclamer les
nouvelles.
[2] Il y a une espèce de contradiction dans ces termes : un *silence*
qui *parle*; mais on comprend bien la pensée de l'orateur, qui voit
dans le silence même des créatures une langue proclamant la
gloire du Créateur.
[3] Tous les corps célestes ont une forme à peu près sphérique.

d'admiration et d'une crainte respectueuse, ils se prosternèrent pour adorer l'Auteur tout-puissant. (MASSILLON.)

Pensées.

Une parole d'amitié fait plus que cent ordres menaçants. (S. FRANÇOIS DE SALES.)

Un grand abus qu'on fait des mots, c'est qu'on les prend pour des choses. (LOCKE.)

Considérez-vous toujours comme si vous étiez regardé par dix yeux et montré par dix mains. (CONFUCIUS.)

La science est pour l'âme ce que la lumière est aux yeux. (ARISTOTE.)

Le vice vient sans qu'on y pense, et l'on ne sait jamais comment il commence à germer. (BOSSUET.)

Pour ceux qui font des dépôts à la caisse d'épargne il n'y a plus de cabarets, plus de jeux, plus de ces querelles qui causent presque toujours les fautes et le malaise des ouvriers. (Mme RUCK.)

On attribue à la cigogne des vertus morales dont l'image est toujours respectable : la tempérance, la fidélité conjugale, la piété filiale et paternelle. (BUFFON.)

On devrait se faire un plaisir de son devoir. (*)

Ce que nous devons avant tout apprendre, c'est de faire le bien et d'éviter le mal. (SOCRATE.)

Celui qui se venge est bien malheureux, puisqu'il ne pourra plus pardonner. (*)

Il est fort rare que ceux qui ne savent pas se taire sachent bien parler. (*)

XXIII
Travail des champs.

La vie de l'ouvrier qui habite la campagne est une vie humaine[1] en comparaison de cette vie machinale de l'ouvrier en soie ou en coton des villes. Celui-là ne se dépayse ni de son sol, ni de son ciel, ni de sa maison, pour aller s'exiler entre quatre murs. L'ouvrier des champs grandit où il est né. Les sentiments et les habitudes de la famille, de voisinage, de parenté, de pays, lui forment une atmosphère d'affections innées, cruelles à rompre, lentes à reformer. Il n'est pas contraint de se séquestrer de la nature physique, ce milieu nécessaire à l'homme pour que l'homme soit sain et complet. Il a le ciel sur sa tête, le sol sous ses pieds, l'air dans sa poitrine, l'horizon vaste libre devant ses regards, le spectacle perpétuellement nouveau du firmament, de la terre, du jour, de la nuit, des saisons qui entretiennent, sans paroles mais sans lassitude, les sens, le cœur, l'esprit de l'homme de la campagne. Ses travaux sont rudes, mais ils sont variés; ils comportent mille

---

[1] C'est-à-dire, digne d'un homme, servant au développement de toutes ses facultés physiques, intellectuelles et morales, tandis que la vie urbaine semble faite pour le développement des passions.

applications diverses de la pensée, mille attitudes
différentes du corps, mille emplois des heures et
des bras : bêcher, labourer, semer, sarcler, faucher;
planter des arbres, bâtir des murs; soigner, nourrir,
traire des animaux domestiques; moissonner, battre
les gerbes, vanner le blé; tailler, émonder, ven-
danger les vignes, pressurer le raisin; récolter les
fruits et les mettre en réserve pour le besoin; irriguer
les prairies, sécher les fourrages et les entrer dans
les granges; récurer les fossés, tondre les broussailles pour le foyer; peigner le chanvre, filer le lin
pendant les jours de neige : ce sont là autant de
travaux qui, en diversifiant le travail de l'ouvrier des
champs, le lui font aimer et changent la peine en
intérêt. (LAMARTINE.)

XXIV

De l'obéissance et de la liberté dans l'éducation.

Je ne pense pas que vous deviez ôter à votre élève
toute initiative[1], toute liberté de choix. Il faut éviter
également de développer dans une jeune âme l'esprit
de servitude et l'esprit d'indépendance[2], parce que

[1] Le mot *initiative* s'applique à l'action spontanée par laquelle
se révèle la personnalité.
[2] C'est là l'un des points les plus délicats de l'éducation, qui
consiste dans la juste mesure entre l'esprit de servitude, ou
l'exagération du principe d'autorité, et l'indépendance absolue ou
l'oubli de la loi qui règle la liberté.

l'un et l'autre sont contraires à l'état vrai d'un chrétien, tel que l'Évangile nous le dépeint. Un enfant
qui ne délibère jamais, qui ne choisit jamais, qui est
passif dans tous ses actes, ne sera propre un jour
qu'à obéir lâchement aux hommes et aux choses qui
le domineront par l'effet du hasard, comme celui
qui est nourri dans l'indépendance ne saura point se
soumettre là où il faut se soumettre et porter avec
honneur et raison la peine d'une obéissance légi-
time. Tout, au reste, est plein de ces difficultés,
l'homme étant placé sans cesse entre deux excès. Les
anciens disaient : *In medio stat virtus*[1]. La vertu n'a
point changé de place depuis ce temps ; elle est
encore où Aristote[2] l'a trouvée.

Maintenant comment faire pour inspirer à un
enfant la liberté sans l'indépendance, l'obéissance
sans la servitude ? Cela est sans doute une œuvre
délicate. J'ai ouï dire que les enfants conduits par
les personnes dont vous me parlez manquent, en
général, d'initiative, de décision, de hardiesse, et
qu'ils ont besoin, en quelque sorte, d'être tenus
constamment à la lisière. Est-ce vrai ? Ne l'est-ce
pas ? Je l'ignore, car je n'ai jamais eu occasion de
vérifier le fait. S'il en était ainsi, leur éducation

---

[1] Ce qui veut dire : Dans un juste milieu se trouve la vertu.
[2] Aristote, philosophe de la Grèce, a été appelé le plus sage des
hommes. Il a formulé la maxime qui vient d'être citée, ainsi qu'un
grand nombre d'autres.

pécherait par un point essentiel, et ce résultat tiendrait sans doute à l'initiation d'habitudes trop passives. Un enfant ne doit ni commander, ni être obéi à tout propos, comme le sont les enfants gâtés ; mais il ne faut pas non plus qu'il soit asservi comme un esclave et qu'il ait peur d'avoir une pensée. (LACORDAIRE.)

XXV

La Conscience.

Conscience ! conscience ! instinct divin, immortelle et céleste voix, guide assuré d'un être ignorant et borné, mais intelligent et libre ; juge infaillible[1] du bien et du mal, qui rend l'homme semblable à Dieu ! C'est toi qui fais l'excellence de sa nature et la moralité de ses actions ; sans toi je ne sens rien en moi qui m'élève au-dessus des bêtes que le triste privilége de m'égarer d'erreur en erreur, à l'aide d'un entendement sans règle et d'une raison sans principe.

Mais ce n'est pas assez que ce guide existe, il faut savoir le reconnaître et le suivre. S'il parle à tous les cœurs, pourquoi donc y en a-t-il si peu qui l'entendent ? Eh ! c'est qu'il nous parle la langue de la nature que tout nous fait oublier. La conscience est

[1] Malheureusement la conscience n'est pas toujours un juge infaillible. Pour jouir de cet heureux privilége, il faut qu'elle soit d'abord éclairée et qu'elle ne soit pas dominée par les passions.

timide; elle aime la retraite et la paix; le monde[1] et
le bruit l'épouvantent; les préjugés dont on la fait
naître[2] sont ses plus cruels ennemis; elle fuit ou
se tait devant eux. Leur voix bruyante étouffe la
sienne et l'empêche de se faire entendre; elle se
rebute enfin à force d'être éconduite[3]; elle ne nous
parle plus, elle ne nous répond plus, et, après de si
longs mépris pour elle, il en coûte autant de la
rappeler qu'il en coûta de la bannir. (J.-J. ROUSSEAU.)

XXVI
Charité de Fénélon.

Elle n'est point effacée de notre mémoire cette
époque désastreuse et terrible, cette année, la plus
funeste des années de Louis XIV, où il semblait que
le Ciel voulût faire expier à la France ses prospérités
orgueilleuses[4] et obscurcir l'éclat du plus beau règne
qui eût encore illustré ses annales. La terre stérile[5],
sous les flots de sang qui l'inondent, devient cruelle

[1] Par ces mots *le monde*, il faut entendre ici l'agitation, les embarras de la vie sociale.
[2] Les préjugés, qui sont le fruit de l'ignorance, faussent les inspirations de la conscience.
[3] La conscience est éconduite quand on ne l'écoute pas pour suivre ses passions.
[4] La France s'était justement enorgueillie de ses nombreuses victoires sous Louis XIV, surnommé le Grand, à cause de ses grandes qualités et des grands hommes qui l'entouraient.
[5] En 1709, l'hiver fut si rigoureux que toutes les récoltes périrent et qu'il s'ensuivit une famine désastreuse.

et barbare[1] comme les hommes qui la ravagent, et l'on s'égorge en mourant de faim. Les peuples, accablés à la fois par une guerre malheureuse, par les impôts et par le besoin, sont livrés au découragement et au désespoir. Le peu de vivres qu'on a pu conserver ou recueillir est porté à un prix qui effraye l'indigence et qui pèse même à la richesse. Une armée, alors la seule défense de l'État, attend en vain sa subsistance des magasins qu'un hiver destructeur n'a pas permis de remplir. Fénélon donne l'exemple de la générosité; il envoie le premier toutes les récoltes de ses terres, et, l'émulation gagnant de proche en proche, les pays d'alentour font les mêmes efforts et l'on devient libéral même dans la disette[2]. Les maladies, suites inévitables de la misère, désolent bientôt l'armée et les provinces. L'invasion de l'ennemi ajoute encore la terreur et la consternation à tant de fléaux accumulés. Les campagnes sont désertées, et leurs habitants épouvantés fuient dans les villes. Les asiles manquent à la foule des malheureux. C'est alors que Fénélon fit voir que les cœurs sensibles, à qui l'on reproche d'étendre leurs affections sur le genre humain, n'en aiment pas moins leur patrie. Son palais est ouvert aux malades,

---

[1] C'est dans un sens figuré que l'écrivain accuse la terre de cruauté et de barbarie.

[2] En France, les pauvres eux-mêmes sont toujours prêts à donner pour secourir l'infortune, surtout quand l'exemple est donné d'en haut.

aux blessés, aux pauvres, sans exception. Il engage ses revenus pour faire ouvrir des demeures à ceux qu'il ne saurait recevoir. Il leur rend les soins les plus charitables; il veille sur ceux qu'on doit leur rendre. Il n'est effrayé ni de la contagion[1], ni du spectacle de toutes les infirmités humaines rassemblées sous ses yeux. Il ne voit en eux que l'humanité souffrante. Il les assiste, leur parle, les encourage. Oh! comment se défendre de quelque attendrissement en voyant cet homme, vénérable par son âge, par son rang, par ses lumières, tel qu'un génie bienfaisant, au milieu de tous ces malheureux qui le bénissent, distribuer les consolations et les secours, et donner les plus touchants exemples de ces mêmes vertus dont il avait donné les plus touchantes leçons. (LAHARPE.)

XXVII

Mort de Turenne [2].

Il monta à cheval le samedi à deux heures, après avoir mangé, et comme il y avait bien des gens avec lui, il les laissa tous à trente pas de la hauteur où il voulait aller, et dit au petit Elbœuf[3] : « Mon neveu,

---

[1] La contagion est la communication d'une maladie par le contact.

[2] Turenne, né à Sédan en 1611, est l'un des plus grands généraux qui ont illustré la France.

[3] D'Elbœuf, d'Hamilton, de Saint-Hilaire, étaient des officiers de l'armée de Turenne.

demeurez là ; vous ne faites que tourner autour de moi, vous me feriez reconnaître. » M. d'Hamilton, qui se trouva près de l'endroit où il allait, lui dit : « Monsieur, venez par ici, on tirera du côté où vous allez. — Monsieur, lui dit-il, vous avez raison ; je ne veux point du tout être tué aujourd'hui ; cela sera le mieux du monde. » Il eut à peine tourné son cheval qu'il aperçut Saint-Hilaire, le chapeau à la main, qui lui dit : « Monsieur, jetez les yeux sur cette batterie[1] que je viens de faire placer là. » M. de Turenne revint, et dans l'instant, sans être arrêté, il eut le bras et le corps fracassés du même coup qui emporta le bras et la main qui tenaient le chapeau de Saint-Hilaire. Ce gentilhomme, qui le regardait toujours, ne le voit point tomber ; le cheval l'emporte où il avait laissé le petit Elbœuf, il était penché, le nez sur l'arçon[2]. Dans ce moment, le cheval s'arrête, le héros tombe entre les bras de ses gens ; il ouvre deux fois de grands yeux et la bouche, et demeure tranquille pour jamais. Songez qu'il était mort et qu'il avait une partie du cœur emportée.

On crie, on pleure : M. d'Hamilton fait assez de bruit pour ôter le petit Elbœuf qui s'était jeté sur ce corps, qui ne voulait pas le quitter et qui se pâmait de crier. On couvre le corps d'un manteau, on le porte dans une haie, on le garde à petit bruit.

---

[1] On appelle batterie la réunion de plusieurs bouches à feu, destinées à agir concurremment.
[2] L'arçon est une partie de la selle.

On lui a fait un service[1] militaire dans le camp, où les larmes et les cris faisaient le véritable deuil : tous les officiers avaient des écharpes de crêpe, tous les tambours en étaient couverts ; ils ne battaient qu'un coup ; les piques étaient traînantes et les mousquets[2] renversés ; mais ces cris de toute une armée ne peuvent pas se représenter sans que l'on en soit ému. (Mᵐᵉ DE SÉVIGNÉ.)

XXVIII

L'Ange.

« Chaque fois qu'un enfant sage et bon vient à mourir, un ange de Dieu descend sur la terre, prend l'enfant mort dans ses bras, ouvre ses larges ailes, parcourt tous les lieux que l'enfant a aimés et cueille une poignée de fleurs[3]. Ces fleurs, tous deux les portent au bon Dieu, pour qu'il les fasse refleurir là-haut plus belles que sur la terre. Le bon Dieu presse les fleurs sur son cœur, et, celle qu'il préfère, il y dépose un baiser. Ce baiser lui donne une voix et la fait se mêler aux chœurs des bienheureux. »

Voilà ce que racontait un ange de Dieu en emportant au ciel un enfant mort, et l'enfant l'écoutait

---

[1] Un service funèbre.

[2] Les fusils ; il est de règle que, dans les cérémonies funèbres, les militaires portent les armes renversées.

[3] Il faut bien faire comprendre aux enfants que ceci n'est qu'un conte gracieux, destiné à faire sentir l'aimable tendresse de Dieu envers ceux qui sont bons et qui souffrent.

comme en rêve. Et ils volaient au-dessus des lieux
où le petit avait joué, sur des jardins parsemés de
fleurs admirables. « Lesquelles emporterons-nous
pour les planter au ciel? » demanda l'ange.

Près d'eux se trouvait un rosier magnifique ; mais
une méchante main en avait brisé la tige, de sorte
que les branches, chargées de boutons à peine éclos,
pendaient et se desséchaient de tous côtés.

« Pauvre arbre! dit l'enfant; prends-le pour qu'il
refleurisse là-haut près de Dieu. » Et l'ange prit le
rosier. Il embrassa l'enfant; le petit ouvrit les yeux
à moitié. Ils cueillirent partout de riches fleurs, sans
mépriser la dent-de-lion[1], si souvent dédaignée, ni
la pensée sauvage.

« Nous avons assez de fleurs maintenant, » dit
l'enfant, et l'ange fit un signe d'assentiment; mais ils
ne volèrent pas encore vers Dieu.

Déjà il faisait nuit, partout régnait un profond
silence ; ils passaient au-dessus d'une petite rue
sombre et étroite, remplie d'un amas de vieille paille,
de cendres et de balayures. C'était le jour des déménagements ; toutes ces assiettes brisées, tous ces morceaux de statues en plâtre, tous ces haillons, offraient
un aspect peu agréable.

Et l'ange montra à l'enfant, au milieu de ces débris,
quelques fragments d'un pot de fleurs; une motte de

[1] Plante très commune et que généralement on méprise ; mais
Dieu a soin de tout, même de ce qui paraît vulgaire et qui souvent
n'est pas sans mérite.

terre s'en était détachée, à laquelle tenaient encore
les racines d'une grande fleur des champs, fanée et
jetée au rebut. « Emportons-la, dit l'ange ; en nous
envolant je te dirai pourquoi. »

Ils s'élevèrent dans l'air et l'ange fit ce récit :
« Là-bas, dans cette rue sombre, dans une espèce de
cave, demeurait un petit garçon malade. Dès sa plus
tendre enfance, il était alité. Parfois, lorsqu'il se
sentait mieux, il faisait le tour de la chambre à l'aide
de béquilles, et c'était tout. En été, les rayons du
soleil venaient de temps en temps éclairer cette
misérable demeure, et alors le petit garçon se ré-
chauffait au soleil, regardait le sang rouge circuler
dans ces doigts délicats et diaphanes[1] en disant :
« Aujourd'hui, Dieu merci, j'ai pu sortir. » Il ne
connaissait la magnifique verdure de la forêt que par
une branche de hêtre[2] que le fils du voisin lui avait
apportée. Il tenait cette branche au-dessus de sa
tête, et il lui semblait ainsi se reposer sous les
grands arbres, ayant le soleil en perspective[3] ; et
pour musique le chant délicieux de mille petits
oiseaux.

« Un jour de printemps, le fils du voisin lui apporta
aussi quelques fleurs des champs, dont l'une, par
hasard, avait encore ses racines. Elle fut plantée

---

[1] Quand on regarde les doigts, spécialement ceux d'un enfant,
à travers le soleil, ils sont comme diaphanes ou transparents.
[2] Le hêtre est un grand arbre, qui croît dans les forêts.
[3] C'est-à-dire regardant le soleil.

dans un pot et placée sur la fenêtre, près du lit.
Plantée par une main heureuse, elle poussa des
rejetons et produisit chaque année de nouvelles
fleurs. C'était le jardin de l'enfant malade, son seul
trésor sur cette terre; il l'arrosait, la cultivait avec
soin et la plaçait toujours de manière à ce qu'elle ne
perdît pas un des rayons de soleil qui pénétraient à
travers la lucarne. Aussi la fleur se développait et
s'embellissait avec ses rêves; elle fleurissait pour
lui; pour lui elle répandait son parfum et prenait des
airs coquets. Lorsque le bon Dieu rappela l'enfant à
lui, il s'inclina vers elle avant de mourir. Il y a maintenant une année que l'enfant est chez Dieu, et il y a
une année que la fleur est restée oubliée sur la
fenêtre et s'est desséchée.

« Le jour du déménagement, on l'a jetée parmi les
immondices de la rue, et c'est cette pauvre fleur
fanée que nous avons recueillie dans notre bouquet,
car elle a causé plus de joie que la plus riche fleur
du jardin d'une reine.

— Mais comment sais-tu tout cela? demanda l'enfant.

— Je le sais, répondit l'ange, parce que j'étais
moi-même ce petit garçon malade qui marchait avec
des béquilles. Je reconnais bien ma fleur. »

Et l'enfant, ouvrant tout à fait les yeux, regarda le
visage éclatant et superbe de l'ange. Au même instant,
ils entrèrent dans le ciel du Seigneur, où la joie et la
félicité sont éternelles. Lorsque le bon Dieu eut

pressé l'enfant mort sur son cœur, il poussa des ailes à l'enfant comme à l'autre ange, et, se tenant par la main, tous deux s'envolèrent ensemble. Le bon Dieu serra aussi sur son cœur toutes les fleurs, mais il donna un baiser à la pauvre fleur des champs fanée, et aussitôt elle fut douée de la voix et chanta avec les anges qui flottent autour du Seigneur, formant des cercles jusqu'à l'infini, et tous également heureux. Oui, ils chantaient tous, grands et petits, le bon enfant béni, et la pauvre fleur des champs qui avait été jetée toute fanée parmi les ordures, dans la ruelle sombre et étroite. (ANDERSEN.)

XXIX

Les Pommes de terre.

Il était une fois un monsieur qui avait trois enfants.

L'aîné s'appelait Marcel, le second s'appelait Louis, et la petite fille s'appelait Denise.

Un jour, ce monsieur acheta un champ, et il dit à ses trois enfants : « Je vais ensemencer cette terre, et je vous en donne à chacun deux mètres carrés[1] pour que vous y semiez vous-mêmes ce que vous voudrez. »

Marcel, qui aimait le rouge, sema des coquelicots ;

---

[1] Montrez aux enfants sur le parquet de la classe ou de la cour une surface de deux mètres carrés, c'est-à-dire de deux mètres de long sur un mètre de large.

Louis, qui aimait le jaune, sema des boutons d'or, et Denise, qui aimait le blanc, sema des marguerites.

Mais le papa, qui avait sa petite famille à nourrir, sema dans son champ des pommes de terre.

Quand l'été fut venu, coquelicots, boutons d'or et marguerites fleurirent à l'envi, si bien que les petits enfants étaient ravis de leur brillante culture. Les pommes de terre fleurirent aussi; mais leurs modestes fleurs, à demi cachées sous un feuillage sombre, semblaient bien pâles à côté de leurs voisines, les fleurs des champs. Et les enfants se disaient : « Comment notre père, qui est si sage, a-t-il semé cette triste plante! Combien le champ serait plus beau s'il était tout entier rempli de coquelicots, de boutons d'or et de marguerites! »

L'été se passa et toutes les fleurs se fanèrent, les pommes de terre du papa aussi bien que les jolies fleurs des enfants. Toutes les tiges flétries s'inclinèrent sur le sol, et les trois enfants n'eurent à récolter que trois petits paquets d'herbe sèche. Mais le papa amena des journaliers dans son champ. Avec des crocs en fer, ils ouvrirent les sillons et ils en arrachèrent des milliers de pommes de terre à la peau blonde, fine et d'excellente qualité.

On mit ces pommes de terre dans de grands sacs, que l'on chargea sur une charrette; et il y en avait tant qu'il était facile de prévoir que la petite famille en aurait à manger pendant toute l'année.

Et les enfants, qui aimaient beaucoup les pommes

de terre, n'eurent plus envie de blâmer leur père ; au contraire, ils se repentirent et ils eurent le beau et bon courage de confesser leur faute.

« Père, lui dirent-ils, pardonne-nous, car nous avons mal jugé. Nous nous sommes crus plus sages que toi ; nous avons trouvé ta culture moins belle que la nôtre et nous avons méprisé ces pauvres tiges, au pied desquelles nous ne savions pas qu'il poussait des pommes de terre.

— Chers amis, répondit le père, je vous pardonne, et de bon cœur, mais à une condition, c'est que vous vous souviendrez toute votre vie de ce qui vient d'arriver, et, ajouta-t-il d'un air très sérieux, que vous ne commettrez plus jamais ! entendez-vous, plus jamais, la même faute !

— Oh ! nous ne la commettrons plus, répondirent les enfants surpris du ton avec lequel leur père disait cela ; nous ne la commettrons plus, car maintenant nous connaissons les pommes de terre.

— Vous ne les connaissez pas toutes, enfants, reprit le père. Le monde, voyez-vous, ressemble à un champ dans lequel poussent, mélangées, des plantes de toutes sortes. Il y a des personnes qui brillent comme les éclatantes fleurs que vous avez cultivées, et il y en a d'autres qui vivent et meurent, humbles et méconnues, comme mes utiles pommes de terre. Et le monde juge comme vous avez jugé. Il fait grand cas des unes, il méprise ou ignore les autres ; oh ! ne l'imitez plus, mes enfants ; aimez la beauté, puisqu'elle charme les yeux; mais honorez la vertu, qui fait le bien en silence. Recherchez-la, imitez-la, car, lorsque l'heure de la moisson est venue, et cette heure, pour nous, c'est la dernière de notre vie, Dieu, qui est le grand moissonneur, Dieu arrive, et que trouve-t-il à récolter? A la place des brillantes fleurs, un petit paquet d'herbe sèche, et, dans le sillon des humbles pommes de terre, un trésor de bonnes œuvres! » (Mme PAPE-CARPENTIER.)

Pensées.

Le but principal de l'étude est d'apprendre à bien vivre et à bien mourir. (MONTAIGNE.)

Le mensonge est le vice d'un esclave. (PLUTARQUE.)

Quand on m'insulte, j'élève mon âme si haut que l'offense ne peut m'atteindre. (DESCARTES.)

L'engrais, c'est le déjeûner, le dîner et le souper des plantes. (DE VARENNES.)

Rien n'est plus facile que de tromper un homme de bien; celui qui ne trompe personne se fie beaucoup aux autres. (*)

La sagesse prépare le plaisir par le travail et elle délasse du travail par le plaisir. (FÉNÉLON.)

Il est bien rare qu'on n'éprouve pas quelque regret, quand on compare ce qu'on a fait avec ce qu'on aurait pu faire. (*)

La douceur perfectionne l'homme dans ses devoirs envers la société. (S. FRANÇOIS DE SALES.)

Ce n'est pas un grand avantage d'avoir l'esprit vif, si l'on ne l'a pas juste. La perfection d'une pendule n'est pas d'aller vite, mais d'être bien réglée. (Vauvenargues.)

Presque tous les devoirs des enfants se résument dans l'obéissance. (Corneille.)

Ceux qui se plaignent de la fortune n'ont le plus souvent à se plaindre que d'eux-mêmes. (Voltaire.)

Il ne faut pas croire que la sagesse nous vienne avec facilité et sans que nous travaillions soigneusement à l'acquérir. (Bossuet.)

XXX

La Perte d'un ami.

Heureux celui qui possède un ami! J'en avais un : la mort me l'a ôté; elle l'a saisi au commencement de sa carrière, au moment où son amitié était devenue un besoin pressant pour mon cœur. — Nous nous soutenions mutuellement dans les travaux pénibles de la guerre, nous n'avions qu'une pipe à nous deux, nous buvions dans la même coupe[1], nous couchions sous la même toile, et, dans les circonstances malheureuses où nous sommes, l'endroit où nous vivions ensemble était pour nous une nouvelle patrie. Je l'ai vu en butte à tous les périls de la

---

[1] Coupe est le nom poétique d'une tasse ou d'un verre à boire.

guerre et d'une guerre désastreuse. La mort semblait nous épargner l'un pour l'autre ; elle épuisa
mille fois ses traits autour de lui sans l'atteindre,
mais c'était pour me rendre sa perte plus sensible.
Le tumulte des armes, l'enthousiasme qui s'empare
de l'âme au moment du danger, auraient peut-être
empêché ses cris d'aller jusqu'à mon cœur. Sa mort
eût été utile à son pays et funeste aux ennemis, je
l'aurais moins regretté ; mais le perdre au milieu des
délices d'un quartier d'hiver ! le voir expirer dans
mes bras au moment où notre liaison se resserrait
encore dans le repos et la tranquillité ! Ah ! je ne m'en
consolerai jamais ! Cependant sa mémoire ne vit
plus que dans mon cœur ; elle n'existe plus que
parmi ceux qui l'environnaient et qui l'ont rem-
placé ; cette idée me rend plus pénible le sentiment
de sa perte. La nature, indifférente au sort des indi-
vidus, remet sa robe brillante du printemps et se
pare de toute sa beauté auprès du cimetière où il
repose. Les arbres se couvrent de feuilles et entrelacent leurs branches, les oiseaux chantent sous le
feuillage, les mouches bourdonnent parmi les fleurs ;
tout respire la joie et la vie dans le séjour de la mort,
et le soir, tandis que la lune brille dans le ciel et que
je médite près de ce triste lieu, j'entends le grillon
poursuivre gaîment son chant infatigable, caché sous
l'herbe qui recouvre la tombe silencieuse de mon
ami. (X. DE MAISTRE.)

XXXI

Le Baptême de deux petites filles.

Mgr de Cheverus[1], cardinal et archevêque de Bor-
deaux, baptisait une petite fille toute fraîche et toute
rosée, qui appartenait à une riche famille ; il aperçoit
en même temps dans l'église une autre petite fille ,
mais celle-ci, pauvre , cachée sous d'humbles langes,
et qu'on tenait timidement à l'écart. Il s'avance vers
elle : « Approchez, dit-il à ses parents, je veux faire
aussi le baptême de l'enfant que Dieu vous envoie. »
Quand cette double cérémonie fut terminée : « Ces
deux petites filles, dit le prélat à ceux qui l'entouraient, sont également grandes devant Dieu, destinées
à la même gloire éternelle ; mais elles doivent y être
conduites par des voies différentes. Celle-ci, favorisée
de la fortune, y arrivera par la charité ; celle-là , déjà
chétive et souffreteuse , y arrivera par le travail ; le
ciel sera ouvert à celle qui souffre , parce qu'elle
aura été patiente et laborieuse ; à celle qui soulage,
parce qu'elle aura été bonne et compatissante. La
vertu de l'une sera d'être généreuse , la vertu de
l'autre sera d'être reconnaissante ; et il faut, ajouta-
t-il, qu'elles commencent aujourd'hui toutes deux à
remplir leur destinée. La petite indigente ne peut pas

---

[1] Mgr de Cheverus fut un touchant modèle de douceur , de
charité, comme saint François de Sales et Fénélon.

demander, et son cœur ne connaît pas encore la reconnaissance ; c'est moi qui demanderai et qui serai reconnaissant pour elle. L'opulente ne peut pas donner, et elle ne connaît pas encore la générosité ; c'est vous qui serez charitables et généreux pour elle. »

Mgr de Cheverus se mit aussitôt à quêter au nom de la seconde enfant, et la quête fut abondante. (*)

XXXII

Une belle nuit.

Une heure après le coucher du soleil, la lune se montra au-dessus des arbres ; à l'horizon opposé, une brise[1] embaumée, qu'elle amenait de l'Orient avec elle, semblait la précéder, comme sa fraîche haleine, dans les forêts. La reine des nuits[2] monta peu à peu dans le ciel ; tantôt elle suivait paisiblement sa course azurée, tantôt elle reposait sur des groupes de nuages, qui ressemblaient à la cime des hautes montagnes couronnées de neige. Ces nues, ployant et déployant leurs voiles, se déroulaient en zones diaphanes[3] de satin blanc, se dispersaient en légers flocons d'écume ou formaient dans les cieux

[1] On appelle brise un vent léger et frais.
[2] Les poètes disent que la lune est la reine des nuits, comme le soleil est le roi de la lumière.
[3] Diaphane veut dire transparent.

des bancs d'une ouate[1] éblouissante, si doux à l'œil qu'on croyait ressentir leur mollesse et leur élasticité.

La scène, sur la terre, n'était pas moins ravissante : le jour bleuâtre et velouté de la lune descendait dans les intervalles des arbres et poussait des gerbes de lumière jusque dans l'épaisseur des plus profondes ténèbres. La rivière, qui coulait à mes pieds, tour à tour se perdait dans les bois, tour à tour reparaissait toute brillante des constellations[2] de la nuit qu'elle répétait dans son sein. Dans une vaste prairie, de l'autre côté de cette rivière, la clarté de la lune dormait sans mouvement sur les gazons. Des bouleaux[3], agités par les brises et dispersés çà et là dans la savane[4], formaient des îles d'ombres flottantes sur une mer immobile de lumière. Auprès, tout était silence et repos, hors la chute de quelques feuilles, le passage brusque d'un vent subit, les gémissements rares et interrompus de la hulotte[5] ; mais au loin, par intervalles, on entendait les roulements solennels d'une grande cataracte[6], qui, dans le calme de la nuit, se prolongeaient de colline en colline et expiraient à travers les forêts solitaires. (CHATEAUBRIAND.)

[1] La ouate est une espèce de coton très fin.
[2] Les constellations sont des groupes ou réunions d'étoiles.
[3] Le bouleau est une espèce d'arbre dont l'écorce est blanche et qui croit dans les montagnes.
[4] On appelle savane les vastes prairies de l'Amérique.
[5] La hulotte est une espèce d'oiseau nocturne qui ressemble au hibou.
[6] Une cataracte est une grande cascade.

XXXIII.

Le Chat et les Lapins.

Un chat, qui faisait le modeste, était entré dans une garenne[1] peuplée de lapins. Aussitôt ceux-ci, alarmés, ne songèrent qu'à s'enfoncer dans les trous. Comme le nouveau-venu était au guet près d'un terrier[2], les députés de la nation lapine, qui avaient vu ses griffes, se rendirent dans la partie la plus étroite de l'entrée du terrier pour lui demander ce qu'il prétendait. Il protesta d'une voix douce qu'il voulait seulement étudier les mœurs de la nation; qu'en qualité de philosophe[3] il allait dans tous les pays pour s'informer des coutumes de chaque espèce d'animaux.

Les députés, simples et crédules, retournèrent dire à leurs frères que cet étranger, si vénérable par son maintien modeste et par sa majestueuse fourrure, était un philosophe sobre, désintéressé, pacifique, qui voulait chercher la sagesse de pays en pays; qu'il venait de beaucoup d'autres lieux où il avait vu de grandes merveilles; qu'il y aurait bien du plaisir à l'entendre et qu'il n'avait garde de croquer les lapins, puisqu'il ne mangeait d'aucun aliment qui eût eu vie.

[1] Une garenne est un espace, un bois où sont élevés des lapins.
[2] On appelle terriers les trous où se cachent les lapins.
[3] Philosophe veut dire ami de la sagesse.

Ce beau discours toucha l'assemblée. En vain un vieux lapin rusé, qui était le docteur de la troupe, représenta combien ce grave philosophe lui était suspect; malgré lui, on va saluer le voyageur qui, du premier saut, étrangla sept ou huit de ces pauvres gens. Les autres regagnèrent leurs trous, bien effrayés et bien honteux de leur faute.

Alors maître Mitis[1] revint à l'entrée du terrier, protestant d'un ton plein de cordialité qu'il n'avait fait ce meurtre[2] que malgré lui, pour son pressant besoin, que désormais il vivrait d'autres animaux, il ferait avec eux une alliance éternelle. Aussitôt les lapins entrent en négociation avec lui, sans se mettre néanmoins à la portée de ses griffes. La négociation dure, on l'amuse.

Cependant un lapin des plus agiles sort par les derrières du terrier et va avertir le maître de la garenne, qui, tout irrité contre le chat exterminateur d'un peuple si utile, accourt avec un fusil. Il aperçoit le chat, qui n'était attentif qu'à sa proie, et le perce d'un plomb meurtrier. Le chat expirant dit ces dernières paroles : « Quand on a une fois trompé, on ne peut plus être cru de personne ; on est haï, craint, détesté, et l'on est enfin attrapé par ses propres finesses. » (FÉNÉLON.)

---

[1] On appelle ainsi les chats qui ont un air doux.
[2] Le meurtre est l'action de tuer volontairement une personne, mais sans préméditation, ce qui le distingue de l'assassinat.

XXXIV

L'Hirondelle.

Le vol est l'état naturel, je dirais presque l'état nécessaire de l'hirondelle : elle mange en volant, elle boit en volant, se baigne en volant et quelquefois donne à manger à ses petits en volant. Elle sent que l'air est son domaine, elle en parcourt toutes les dimensions et dans tous les sens, comme pour en jouir dans tous les détails, et le plaisir de cette jouissance se marque par de petits cris de gaîté. Tantôt elle donne la chasse aux insectes voltigeants et suit avec une agilité souple leur trace oblique et tortueuse, tantôt elle rase légèrement la surface de la terre pour saisir ceux que la pluie ou la fraîcheur y rassemble, tantôt elle échappe elle-même à l'impétuosité de l'oiseau de proie par la flexibilité preste de ses mouvements. Toujours maîtresse de son vol dans sa plus grande vitesse, elle en change à tout instant la direction ; elle semble décrire au milieu des airs un dédale mobile et fugitif, dont les routes se croisent, s'entrelacent, se fuient, se rapprochent, se heurtent, se roulent, montent, descendent, se perdent et reparaissent pour se croiser, se rebrouiller encore en mille manières, et dont le plan, trop compliqué pour être représenté aux yeux par l'art du dessin, peut à peine être indiqué à l'imagination par le pinceau de la parole. (Buffon.)

Pensées.

Aimer son prochain comme soi-même est une chose plus agréable à Dieu que les holocaustes et les sacrifices. (S. François de Sales.)

Il y a un lien nécessaire entre l'esprit qui s'éclaire et le cœur qui se purifie. (Duruy.)

On ne fait bien que ce qu'on fait avec foi et amour. (P. Girard.)

Il ne doit pas y avoir d'exploitation rurale sans un rucher, qui donne un revenu facile et des jouissances précieuses. (Barral.)

Un père n'est jamais coupable pour son enfant. (X. de Maistre.)

Les vraies conquêtes sont celles qu'on fait sur l'ignorance. (Napoléon Ier.)

Si quelqu'un vous dit que vous pouvez vous enrichir autrement que par le travail et l'économie, ne l'écoutez pas, c'est un empoisonneur. (Francklin.)

Vous ferez tout sans ordre si vous ne vous accoutumez pas, dès votre enfance, à tenir votre esprit attentif à régler ses mouvements et à penser sérieusement à ce que vous avez à faire. (Bossuet.)

XXXV.

Jardinage.

Il est si facile et si peu coûteux de faire aux habitants de la campagne beaucoup de bien ! Donnez quelques graines ou quelques pieds des fleurs de votre parterre à un jeune garçon, à une jeune fille, et enseignez-lui à les cultiver; vous lui apprenez en même temps l'amour de l'ordre, de la propreté, des soins attentifs; et, si vous savez ajouter quelques mots à propos, vous élevez sa pensée vers celui dont la Providence se manifeste si bien par la parure dont il a revêtu les plantes. Montrez à une jeune ménagère comment on fait venir, comment on prépare les légumes qui abondent dans votre potager, et, en ajoutant au maigre ordinaire d'une famille, de beaucoup de familles (car l'exemple est contagieux), vous avez augmenté la satisfaction d'un grand nombre de personnes, vous avez accru les forces dont elles disposent pour féconder la terre et pour fonder ainsi la fortune de chacun ; vous avez éloigné de leur âme de dangereuses passions. (*)

XXXVI

L'Instituteur primaire.

La prévoyance de la loi, les ressources dont le pouvoir dispose, ne réussiront jamais à rendre la simple profession d'instituteur communal aussi attrayante qu'elle est utile. La société ne saurait rendre à celui qui s'y consacre tout ce qu'il fait pour elle. Il n'y a point de fortune à faire; il n'y a guère de renommée à acquérir dans les obligations pénibles qu'il accomplit. Destiné à voir sa vie s'écouler dans un travail monotone, quelquefois même à rencontrer autour de lui l'injustice ou l'ingratitude de l'ignorance, il s'attristerait souvent et succomberait peut-être, s'il ne puisait sa force et son courage ailleurs que dans les perspectives d'un intérêt immédiat et purement personnel. Il faut qu'un sentiment profond de l'importance de ses travaux le soutienne et l'anime, que l'austère plaisir d'avoir servi les hommes et secrètement contribué au bien public, devienne le digne salaire que lui donne sá conscience seule. C'est sa gloire de ne prétendre à rien au delà de son obscure et laborieuse condition, de s'épuiser en sacrifices à peine comptés de ceux qui en profitent, de travailler enfin pour les hommes et de n'attendre sa récompense que de Dieu.

Aussi voit-on que, partout où l'enseignement primaire a prospéré, une pensée religieuse s'est unie, dans ceux qui la répandent, au goût des lumières et de l'instruction. Puissent nos instituteurs trouver dans de telles espérances, dans ces croyances dignes d'un esprit saint et d'un cœur pur, une satisfaction et une constance que peut-être la raison seule et le seul patriotisme ne leur donneraient pas !

L'instituteur est appelé par le père de famille au partage de son autorité naturelle; il doit l'exercer avec la même vigilance et presque avec la même tendresse. Non-seulement la vie et la santé des enfants sont remises à sa garde, mais l'éducation de leur cœur et de leur intelligence dépend de lui presque tout entière. En lui confiant un enfant, chaque famille demande qu'il lui rende un honnête homme, et le pays un bon citoyen. Les vertus ne suivent pas toujours les lumières, et les leçons que reçoit l'enfance pourraient lui devenir funestes si elles ne s'adressaient qu'à son intelligence. Que l'instituteur ne craigne donc pas d'entreprendre sur les droits des familles en donnant ses premiers soins à la culture intérieure de l'âme de ses élèves. Autant il doit se garder d'ouvrir son école à l'esprit de secte ou de parti, autant il doit s'élever au-dessus des querelles passagères qui agitent la société, pour s'appliquer sans cesse à affermir ces principes impérissables de morale et de raison sans lesquels l'ordre universel est en péril, et à jeter dans les jeunes cœurs ces semences de vertu et d'honneur que l'âge et les passions n'étoufferont pas. La foi dans la Providence, la sainteté du devoir, la soumission à l'autorité paternelle, le respect dû aux lois, au prince, aux droits de tous, tels sont les sentiments qu'il s'attachera à développer. Jamais, par sa conversation ou son exemple, il ne risquera d'ébranler chez les enfants la vénération due au bien ; jamais, par des paroles de haine ou de vengeance, il ne les disposera à ces préventions aveugles qui créent, pour ainsi dire, des nations ennemies au sein de la même nation. La paix et la concorde qu'il maintiendra dans son école doivent préparer le calme et l'union des générations à venir. (GUIZOT.)

XXXVII

Les Romains.

De tous les peuples du monde, le plus fier et le plus hardi, mais tout ensemble le plus réglé dans ses conseils, le plus constant dans ses maximes, le plus avisé, le plus laborieux et enfin le plus patient[1], a été le peuple romain.

De tout cela se sont formées la meilleure milice[2] et la politique[3] la plus prévoyante, la plus ferme et la plus suivie[4] qui fût jamais.

Le fond d'un Romain, pour ainsi parler, était l'amour de sa liberté et de sa patrie. Une de ces choses lui faisait aimer l'autre; car, parce qu'il aimait sa liberté, il aimait aussi sa patrie, comme une mère qui le nourrissait dans des sentiments également généreux et libres.

Sous les noms de liberté, les Romains se figuraient, avec les Grecs, un État où personne ne fût sujet que de la loi et où la loi fût plus puissante que les hommes[5].

La liberté leur était donc un trésor qu'ils préfé-

---

[1] Ce sont ces qualités qui ont fait la fortune prodigieuse de Rome.

[2] Armée.

[3] Par *politique* on entend l'art de gouverner les hommes.

[4] Persévérante.

[5] Ces principes ont prévalu en France par la révolution de 1789 et, depuis cette époque, ils se propagent dans toute l'Europe.

5

raient à toutes les richesses de l'univers. Aussi, dans leurs commencements et même bien avant dans leurs progrès, la pauvreté n'était pas un mal pour eux ; au contraire, ils la regardaient comme un moyen de garder leur liberté plus entière, n'y ayant rien de plus libre ni de plus indépendant qu'un homme qui sait vivre de peu, et qui, sans rien attendre de la protection ou de la libéralité d'autrui, ne fonde sa subsistance que sur son industrie et sur son travail[1].

C'est ce que faisaient les Romains. Nourrir du bétail, labourer la terre, se dérober[2] à eux-mêmes tout ce qu'ils pourraient, vivre d'épargne et de travail, voilà quelle était leur vie ; c'est de quoi ils soutenaient leurs familles qu'ils accoutumaient à de semblables travaux.

La milice d'un tel peuple ne pouvait manquer d'être admirable, puisqu'on y trouvait, avec des courages fermes et des corps vigoureux, une si prompte et si exacte obéissance. (BOSSUET.)

XXXVIII
Louis IX, dit saint Louis[3].

Louis se montra toujours charitable pour les pauvres, clément pour ses ennemis, indulgent pour les

[1] C'est là une grande vérité qu'on ne saurait trop méditer.
[2] Se priver de tout ce qui n'est pas nécessaire.
[3] Saint Louis, si connu par sa bonté, son courage, sa fermeté, sa justice et sa religion éclairée, régna de 1226 à 1270.

faiblesses d'autrui, sévère pour les siennes, ami de la justice, scrupuleux jusqu'à l'excès dans ses promesses et dans ses traités, en un mot, tellement intègre et impartial que tous les peuples et tous les rois se soumettaient volontairement à son arbitrage[1].

Doux jusqu'à la faiblesse dans sa vie domestique[2], il bravait les périls avec l'audace d'un lion; compatissant aux maux des soldats, il était avare de leur sang, prodigue du sien, et, chrétien sous la tente[3] comme dans les temples, il soignait avec un courage évangélique dans les hôpitaux les pestiférés. Ces infortunés, abandonnés par tous leurs compagnons, n'étaient visités et consolés que par leur roi.

Saint Louis, dans sa vie privée, aimait la simplicité; mais, dans les fêtes, il déployait un luxe convenable à sa dignité. Au reste, ce luxe paraîtrait bien mesquin en le comparant à la magnificence moderne, puisqu'au mariage de ce prince on admirait, comme une grande rareté, deux cuillères d'or qui ornaient sa table.

Ce prince ne croyait pas que l'oisiveté fût jamais permise à un roi; occupé sans relâche à remplir ses devoirs, lorsque la paix lui laissait quelques loisirs, il ne se reposait de ses travaux guerriers qu'en se livrant avec assiduité à ceux de la piété, de la justice et de l'administration.

---

[1] Décision sur leurs différends.
[2] Dans sa famille.
[3] Dans les camps, où les militaires s'abritent sous des tentes.

Sûr de l'affection qu'il inspirait, ce roi vertueux marchait partout sans défense comme sans crainte; accessible à tous ses sujets, écoutant leurs plaintes, il daignait juger lui-même leurs contestations et concilier leurs différends. L'imagination peut être éblouie par l'éclat d'un monarque puissant, entouré sur son trône[1] d'une cour[2] pompeuse et d'une garde imposante; mais le cœur est profondément ému au souvenir de ce vénérable chêne[3] au pied duquel saint Louis, vêtu sans faste, donnait familièrement audience et, sans distinction de rang, rendait la justice à tous ses sujets.

Aussi le nom de saint Louis, redouté dans les châteaux[4], vénéré dans les cloîtres[5], était béni dans les campagnes. Le sceptre protégeait la charrue, et le glaive royal, écartant de toutes les routes les brigands qui les avaient si longtemps infestées, ouvrait au commerce et à l'industrie une circulation libre et paisible. (DE SÉGUR.)

---

[1] On appelle trône le siége élevé sur lequel se placent les rois, les empereurs, etc., dans les solennités.

[2] La réunion des personnages qui entourent un souverain forme sa cour.

[3] Ce chêne existe encore dans le bois de Vincennes, près de Paris.

[4] A cette époque, les châteaux étaient habités par de puissants seigneurs, qui souvent vexaient le peuple et faisaient la guerre au roi; mais saint Louis avait su, par la crainte, les empêcher de mal faire.

[5] Par sa piété et par la protection qu'il leur avait accordée, saint Louis s'était fait aimer des couvents.

XXXIX

Les Impôts.

Mes chers amis et bons voisins, il est certain que les impôts[1] sont lourds; cependant, si nous n'avions à payer que ceux que le gouvernement nous demande, nous pourrions espérer d'y faire face plus aisément; mais nous en avons une quantité d'autres beaucoup plus onéreux[2]. Par exemple, notre paresse nous prend deux fois autant que le gouvernement, notre orgueil trois fois et notre inconsidération quatre fois autant. Encore ces taxes[3] sont d'une telle nature qu'il n'est pas possible au gouvernement de diminuer leur poids, ni de nous en délivrer.

S'il existait un gouvernement qui obligeât les sujets à donner régulièrement la dixième partie de leur temps pour son service, on trouverait assurément cette condition fort dure; mais la plupart d'entre nous sont taxés, par leur paresse, d'une manière beaucoup plus tyrannique; car si vous comptez le temps que vous passez dans une oisiveté absolue, c'est-à-dire, ou à ne rien faire, ou dans des dissipations qui ne mènent à rien, vous trouverez que je dis vrai. L'oisiveté amène avec elle des incom-

[1] On appelle impôts les charges auxquelles chacun doit contribuer, selon ses ressources, pour subvenir aux dépenses publiques.
[2] Onéreux a le même sens que lourd.
[3] Taxe est synonyme d'impôt.

modités et raccourcit sensiblement la durée de la vie[1].
Combien de temps ne donnons-nous pas au sommeil
au delà du nécessaire! Si nous avions de l'activité,
nous ferions beaucoup plus avec moins de peine. La
paresse rend tout difficile, le travail rend tout aisé.

Que signifient les désirs et les espérances de temps
plus heureux? Nous rendrons le temps meilleur si
nous savons agir. Quiconque est laborieux n'a point
à craindre la disette, car la faim regarde à la porte de
l'homme laborieux, mais elle n'ose pas y entrer. Les
huissiers n'y entreront pas non plus, car le travail
paye les dettes et le découragement les augmente.
Il n'est pas nécessaire que vous trouviez des trésors,
ni que de riches parents vous fassent leur légataire.
L'activité est la mère de la prospérité, et Dieu ne
refuse rien au travail.

Mais, indépendamment de l'amour du travail, il
faut encore avoir de la constance, de la résolution et
des soins; il faut voir ses affaires avec ses propres
yeux et ne pas trop s'en rapporter aux autres. Il faut,
de plus, de l'économie, si nous voulons assurer le
succès de notre travail. Si vous voulez être riches,
n'apprenez pas seulement comment on gagne, sachez
aussi comment on ménage.

Renoncez donc à vos folies dispendieuses et vous
aurez moins à vous plaindre de la dureté des temps,

[1] C'est par l'exercice que se développent les forces et que la
santé se conserve.

de la pesanteur des taxes et des charges de vos maisons. (FRANCKLIN.)

XL

Humanité de Fénélon.

Fénélon allait souvent se promener seul et à pied dans les environs de Cambrai[1], et, dans ses visites diocésaines, il entrait dans les cabanes des paysans, s'asseyait auprès d'eux, les soulageait et les consolait. Les vieillards qui ont eu le bonheur de le voir parlent encore de lui avec le respect le plus tendre. « Voilà, disent-ils, la chaise de bois où notre bon archevêque venait s'asseoir au milieu de nous; nous ne le reverrons plus ! » et ils répandent des larmes. Il recueillait dans son palais les malheureux habitants que la guerre avait obligés de fuir leurs demeures, les nourrissait et les servait lui-même à table. Il vit, un jour, un paysan qui ne mangeait point, et lui en demanda la raison. « Hélas ! Monseigneur, lui dit le paysan, je n'ai pas eu le temps, en fuyant de ma cabane, d'emmener une vache qui nourrissait ma famille; les ennemis me l'auront enlevée, et je n'en trouverai pas une aussi bonne. » Fénélon, à la faveur de son sauf-conduit[2], partit sur-le-champ,

[1] Cambrai est le chef-lieu d'un arrondissement du département du Nord et le siége d'un archevêché.
[2] Un sauf-conduit est la permission d'aller et venir dans certains endroits, sans crainte d'être arrêté.

accompagné d'un seul domestique, trouva la vache et la ramena lui-même au paysan. (D'ALEMBERT.)

XLI

Mort de Jeanne d'Arc [1].

Le bûcher était dressé sur la place du Vieux-Marché. Lorsqu'on y fit monter Jeanne, on plaça sur sa tête une mitre où étaient écrits les mots : hérétique [2], relapse [3], apostate [4], idolâtre [5]. Son confesseur était monté sur le bûcher avec elle ; il y était encore, que le bourreau alluma le feu. « Jésus ! » s'écria Jeanne, et elle fit descendre le bon prêtre. « Tenez-vous en bas, dit-elle ; levez la croix devant moi, que je la voie en mourant, et dites-moi de pieu es paroles jusqu'à la fin. » Elle assura encore que les *voix* [6] venaient de Dieu, qu'elle ne croyait pas

[1] Jeanne d'Arc, née en 1410 à Domrémy, dans le département des Vosges, non moins remarquable par son courage que par sa piété et ses vertus, a sauvé la France d'une invasion anglaise. Faite prisonnière dans un combat, elle fut injustement condamnée à être brûlée vive à Rouen.

[2] Les hérétiques sont des chrétiens qui professent une doctrine contraire à l'Église catholique.

[3] On nomme relapses ceux qui, après avoir abjuré leur erreur, y retombent.

[4] Les apostats sont ceux qui renoncent à la foi chrétienne pour embrasser une autre religion.

[5] On appelle idolâtres ceux qui adorent les faux dieux ou idoles, comme les anciens païens.

[6] Jeanne entendait des voix qui lui disaient ce qu'elle devait faire.

avoir été trompée et qu'elle n'avait rien fait que par ordre de Dieu. « Ah! Rouen[1], ajoutait-elle, j'ai grand'peur que tu ne souffres de ma mort. » Ainsi, protestant de son innocence et se recommandant au ciel, on l'entendit encore prier à travers la flamme; le dernier mot qu'on put distinguer fut : « Jésus! »

Il y avait peu d'hommes assez durs pour retenir leurs larmes; tous les Anglais, sauf quelques gens de guerre qui continuaient à rire, étaient attendris. « C'est une belle fin, disaient quelques-uns, et je me tiens heureux de l'avoir vue, car elle fut bonne femme. » Les Français murmuraient que cette mort était cruelle et injuste. « Elle meurt martyre pour son vrai Seigneur. — Ah! nous sommes perdus; on a brûlé une sainte. — Plût à Dieu que mon âme fût où est la sienne! » Tels étaient les discours qu'on tenait. Un autre avait vu le nom de Jésus écrit en lettres de flamme au-dessus du bûcher. (DE BARANTE.)

XLII

Promenades agricoles.

La maison d'école était située à l'extrémité du village, presque en pleine campagne. Le conseil municipal, qui avait voulu faire convenablement les

---

[1] Ville importante pour son commerce et son industrie de tissus de coton, chef-lieu du département de la Seine-Inférieure.

choses, avait joint au bâtiment des classes un vaste jardin, que l'instituteur cultivait de ses mains.

On y récoltait les plus beaux fruits et les plus beaux légumes du pays.

Très fréquemment les élèves allaient s'y exercer, sous la direction du maître, à planter, à semer, à greffer, à tailler, à ébourgeonner, à pincer, à faire, en un mot, tout ce qui est nécessaire pour faire venir les arbres et toutes les plantes utiles. On voyait même parfois de gros bourgeois de la ville arriver le matin chez le modeste instituteur pour apprendre les moyens de soigner les arbres à fruit.

Je n'ai pas besoin de dire combien le maître d'école était aimé et respecté de ses élèves et de leurs parents. Il tenait à leur enseigner les éléments indispensables à tout homme qui veut être utile à son pays et aux siens, il s'attachait surtout à leur apprendre les moyens de cultiver la terre le mieux possible, afin d'en retirer le plus d'argent possible.

Il y avait déjà réussi, car on parlait, dans la contrée, de trois ou quatre jeunes gens qui avaient pris des fermes à leur compte et qui gagnaient de beaux écus en suivant les conseils de leur maître.

Tous les jeudis et les dimanches où le temps le permettait, il dirigeait une promenade agricole. Les élèves qui avaient bien su leurs leçons, qui s'étaient bien tenus en classe et chez leurs parents, étaient seuls invités à ces joyeuses parties.

Le premier jour, il n'y eut pas grand monde à la

promenade; mais les enfants sages racontèrent de si jolies choses à leurs camarades et à leurs parents, que les jeudis suivants il ne manquait presque personne; les incorrigibles seuls avaient été exclus. Peu à peu même plusieurs grands garçons et même des pères de famille demandèrent à se joindre aux enfants et vinrent augmenter le nombre des promeneurs.

L'instituteur marchait en tête et ses élèves l'entouraient, lui faisant des questions, écoutant ses bonnes paroles et ses explications simples et claires, toujours accompagnées d'un exemple qui parlait aux yeux. (BORIE.)

Pensées.

Quelque différence qui puisse exister entre les fortunes, il y a toujours une compensation de biens et de maux qui les rend égales. (LAROCHEFOUCAUD.)

Heureuse l'âme chrétienne qui, s'élevant au-dessus d'elle-même, malgré le corps qui l'appesantit, remontant à son origine, passe à travers les choses créées, sans s'y arrêter, et va se perdre heureusement dans le sein de son créateur. (FLÉCHIER.)

La douceur excelle entre toutes les vertus, parce qu'elle est la fleur de la charité. (S. FRANÇOIS DE SALES.)

Les grands cœurs vont naturellement aux faibles, aux pauvres, aux déshérités. (DURUY.)

Diogène, voyant un enfant qui mangeait avec gloutonnerie, blâma sévèrement son instituteur, jugeant, avec raison, que la faute était à celui qui avait mal enseigné plus encore qu'à celui qui avait mal appris. (PLUTARQUE.)

Bénis soient les rois qui sont les pères de leurs peuples! (FÉNÉLON.)

Ceux-là seuls me paraissent heureux d'être nés qui, avec un corps mortel, se sont immortalisés par leurs vertus. (LYSIAS.)

Dans la prospérité, il est agréable d'avoir un ami; dans le malheur, c'est un besoin. (SÉNÈQUE.)

Je crains Dieu et, après Dieu, je crains surtout celui qui ne le craint pas. (SADI.)

Les riches seraient inutiles sur la terre, s'il ne s'y trouvait des pauvres et des malheureux. (MASSILLON.)

XLIII

La Vie.

Chacun se plaint de la brièveté de la vie, et cependant il n'est personne qui, par une contradiction qu'il est difficile d'expliquer autrement que par la légèreté naturelle de notre esprit, ne trouve les diverses phases de la vie beaucoup trop longues.

Ainsi, l'enfant veut être écolier; celui-ci aspire avec une ardeur indicible au moment où il aura terminé ses études; le jeune homme est impatient d'assurer ce qu'il croit être son indépendance en se créant une position, il veut acquérir la fortune, la considération et monter successivement les échelons qui peuvent y conduire; et enfin, l'homme mûr appelle de tous ses vœux l'époque où il pourra mettre un terme à son travail et jouir du repos.

Même dans les détails de la vie, qui ne s'impatiente souvent de voir les mois, les années, s'écouler trop lentement! Chaque jour on dit : Que je voudrais être à telle époque! Que je voudrais voir tel événement accompli !

Ce n'est qu'à la limite extrême qu'on voudrait ralentir la marche; on n'attend, on n'espère plus rien, et, ce qui est plus malheureux encore, le plus souvent on craint. Alors viennent les regrets; la pensée se reporte sur les années de la jeunesse, qui se sont écoulées avec tant de rapidité ; on se reproche de n'avoir pas su en profiter, on s'accuse d'avoir commis des méprises, on se persuade qu'avec plus de prudence on serait plus heureux. Mais c'est encore là une illusion ; si l'on recommençait la vie, on ressentirait les mêmes impatiences, on se laisserait entraîner par les mêmes aspirations vers l'avenir, on se condamnerait aux mêmes tourments. Ce qu'on cherche à travers tant de phases, sous tant d'apparences diverses, c'est le bonheur, toujours le bonheur, et, comme on ne le trouve complet nulle part, force est d'avancer continuellement à sa poursuite jusqu'au jour où, effrayé du passage mystérieux à une autre existence, on cherche à se persuader qu'on aurait pu goûter cette félicité parfaite qu'il n'est pas donné à la faiblesse de notre nature de connaître. (*)

XLIV

La Montagne stérile.

Autrefois on voyait dans le Ly une montagne couverte d'arbres de la plus grande beauté et qui offrait l'aspect le plus riche, le plus charmant ; mais, comme elle était située près d'une ville , les bûcherons y allèrent en grand nombre et l'eurent bientôt dévastée. Pouvait-elle, après ces dévastations, conserver sa première beauté? Cependant les racines des arbres étaient restées, et elles poussaient des rejetons qui pouvaient rendre à la montagne son ancienne beauté ; mais les bœufs et les moutons broutèrent et foulèrent aux pieds les rejetons, à mesure qu'ils poussaient, en sorte que la montagne n'offre plus aujourd'hui qu'un sommet aride et stérile. Or, si quelqu'un, apercevant cette montagne nue, disait que le sol est stérile, qu'il est incapable de rien produire de bon et qu'il n'y eut jamais de forêt au-dessus, croyez-vous que cet homme dit une chose sensée et qu'il eût la connaissance de la vraie nature de la montagne? Cette montagne, toute dépouillée qu'elle est aujourd'hui, contient encore dans son sein un principe fécond et capable de produire des arbres semblables à ceux dont elle était jadis ornée.

Il en est ainsi de l'homme vicieux. La charité, la justice, la droite raison, innées dans son cœur, y subsistent toujours. Il peut donc recouvrer sa première droiture, même lorsque les mauvaises passions l'ont altérée. Mais, lorsque ces mauvaises passions, attaquant continuellement en son cœur les vertus renaissantes, en ont étouffé tous les germes, ces vertus s'affaiblissent et semblent totalement anéanties, comme les germes des arbres semblent anéantis sur la montagne de Ly. (Traduit du chinois.)

XLV

Le Travail.

Dans un village, appelé Biéloumie, vivait un vieillard aux cheveux blancs, que tout le monde connaissait et que tous respectaient et aimaient à cause de sa sagesse et de sa bonté. Chacun se plaisait à l'entendre raconter les histoires du temps passé, et les conseils de son expérience étaient toujours suivis comme des règles infaillibles.

Après les offices du dimanche, on se groupait habituellement autour de lui, sous l'ombre du grand orme ; on le questionnait sur les travaux de la saison, sur les affaires qui intéressaient la commune et aussi sur les questions que soulevaient fréquemment les intérêts des particuliers. Appuyé sur un long bâton, il racontait comment il avait vu prospérer ou dépérir les récoltes dans des circonstances semblables à celles où l'on se trouvait ; il indiquait les moyens de concilier l'économie avec le progrès ; il expliquait les cultures nouvelles et perfectionnées qu'il avait vu

prospérer et dont il avait constaté lui-même les
avantages ; il faisait ressortir la folie des ivrognes,
qui ruinent leur santé et sèment la misère dans leur
famille ; il s'élevait avec force contre les procès,
que nourrit la sotte vanité des ignorants et qui causent, avec des pertes considérables, les plus graves
soucis même à ceux qui les gagnent, et jamais il ne
terminait ces entretiens sans répéter : « Instruisez
vos enfants, ne manquez pas un seul jour sans les
envoyer à l'école, tant que vous pouvez vous passer
de leur travail, et quand ils sont chez vous, faites-les
travailler. »

« Pourquoi sommes-nous obligés de travailler? »
lui demanda un jour le petit Daniel, qui bien souvent
s'était attiré les reproches de son père, à cause de
l'ardeur qu'il portait aux jeux et de la mollesse qu'il
mettait au travail.

« Le travail, dit le vieillard, c'est du pain ; le travail, c'est la science ; le travail, c'est le bonheur et la
vie. La paresse, c'est l'ignorance, la misère et la
mort. » (***)

XLVI

La Ville des riches et la Ville des pauvres.

L'éloquent saint Jean-Chrysostome[1] nous propose
une belle idée pour connaître les avantages de la pau-

---

[1] Chrysostome veut dire *bouche d'or* ; ce nom fut donné à
l'archevêque de Constantinople, à cause de son admirable élo-
quence. Il vivait à la fin du IVe siècle.

vreté sur la richesse. Il nous représente deux villes, dont l'une ne serait composée que de riches, tandis que l'autre n'aurait que des pauvres dans son enceinte, et il examine ensuite laquelle des deux serait la plus puissante.

Si nous consultions la plupart des hommes sur cette question, je ne doute pas qu'on ne donnât la préférence aux riches ; mais le grand Chrysostome conclut pour les pauvres. Il se fonde sur cette raison que cette ville de riches aurait beaucoup d'éclat et de pompe, mais qu'elle serait sans force et sans fondement assuré. L'abondance, ennemie du travail, corromprait tous les esprits et amollirait tous les courages par le luxe, par l'orgueil et l'oisiveté. Ainsi, les arts seraient négligés, la terre peu cultivée, les grands travaux par lesquels le genre humain se conserve, entièrement délaissés ; cette ville pompeuse, sans ennemis extérieurs, tomberait par elle-même en ruine par son opulence. (BOSSUET.)

Pensées.

Il n'y a que les grandes âmes qui sachent combien on est heureux quand on est bon. (SOPHOCLE.)

Faites le bien, ma fille, donnez-en l'exemple ; soyez constamment modeste, laborieuse, chrétienne, et dans la bonne comme dans la mauvaise fortune restez toujours digne de votre estime et de celle des autres. (Mme RUCK.)

Vous serez insupportable si vous ne devenez pas modeste. (Mme DE MAINTENON.)

Le chemin du mal est court et aisé, celui de la vertu est long et difficile; mais près du but celui-ci devient délicieux. (HÉSIODE.)

La justice tempérée par la miséricorde est encore la justice. (GERSON.)

Le courage est à une égale distance de la témérité et de la lâcheté, comme la tempérance est un milieu entre la gourmandise et l'abstinence. (ARISTOTE.)

L'ignorance est la plus grande maladie du genre humain. (VOLTAIRE.)

On sent Dieu avec l'âme, comme on sent l'air avec le corps. (JOUBERT.)

Rien n'est si noble, si délicat, si grand, si héroïque que le cœur d'un vrai chrétien. (FÉNÉLON.)

Si vous pouvez rendre quelque service à votre pays, mettez-y tous vos soins; le bien que vous lui ferez se répandra sur tous les citoyens, sur vos amis et sur vous-même. (SOCRATE.)

Le bon esprit vaut mieux que le bel esprit. (MONTESQUIEU.)

Tout ce qui ne rend pas l'homme plus sage, plus fort et plus heureux, est inutile. (CHRISTINE DE SUÈDE.)

Le temps bien ménagé est beaucoup plus long que ne l'imaginent ceux qui ne savent que le perdre. (ROLLIN.)

XLVII

Le Chien.

Le chien, fidèle à l'homme, conservera toujours une portion de l'empire, un degré de supériorité sur les autres animaux ; il leur commande, il règne lui-même à la tête d'un troupeau, il s'y fait mieux entendre que la voix du berger ; la sûreté, l'ordre et la discipline sont le fruit de sa vigilance et de son activité ; c'est un peuple qui lui est soumis, qu'il conduit, qu'il protége et contre lequel il n'emploie jamais la force que pour y maintenir la paix. Mais c'est surtout à la guerre, c'est contre les animaux ennemis ou indépendants, qu'éclate son courage et que son intelligence se déploie tout entière. Les talents naturels se réunissent ici aux qualités acquises. Dès que le bruit des armes se fait entendre, dès que le son du cor ou la voix du chasseur a donné le signal d'une guerre prochaine, brûlant d'une ardeur nouvelle, le chien marque sa joie par les plus vifs transports ; il annonce, par ses mouvements et par ses cris, l'impatience de combattre et le désir de vaincre ; marchant ensuite en silence, il cherche à connaître le pays, à découvrir, à surprendre l'ennemi dans son fort ; il recherche ses traces, il les suit pas à pas, et, par des accents différents, indique le temps, la distance, l'espèce et même l'âge de celui qu'il poursuit.

Le chien, indépendamment de la beauté de sa forme, de la vivacité, de la force, de la légèreté, a par excellence toutes les qualités intérieures qui peuvent lui attirer les regards de l'homme. Un naturel ardent, colère, même féroce et sanguinaire, rend le chien sauvage redoutable à tous les animaux, et cède, dans le chien domestique, aux sentiments les plus doux, au plaisir de s'attacher et au désir de plaire; il vient, en rampant, mettre aux pieds de son maître son courage, sa force, ses talents; il attend ses ordres pour en faire usage; il le consulte, il l'interroge, il le supplie; un coup-d'œil suffit, il entend les signes de sa volonté. Sans avoir, comme l'homme, la lumière de la pensée, il a toute la chaleur du sentiment; il a, de plus que lui, la fidélité, la constance dans ses affections; nulle ambition, nul intérêt, nul désir de vengeance, nulle crainte que celle de déplaire; il est tout zèle, toute ardeur et toute obéissance; plus sensible au souvenir des bienfaits qu'à celui des outrages, il ne se rebute pas par les mauvais traitements; il les subit, les oublie, ou ne s'en souvient que pour s'attacher davantage; loin de s'irriter ou de fuir, il s'expose de lui-même à de nouvelles épreuves; il lèche cette main, instrument de douleur, qui vient de le frapper; il ne lui oppose que la plainte, et la désarme enfin par la patience et la soumission. (Buffon.)

XLVIII

Sages Conseils.

Ménagez le temps, car c'est l'étoffe[1] dont la vie est faite ; nous aurons assez à dormir dans le cercueil. Se coucher de bonne heure et se lever matin sont les meilleurs moyens de conserver sa santé, sa fortune et sa sagesse.

Que signifient nos vœux pour un temps meilleur ? Ce temps meilleur, c'est à nous de le faire par notre activité : *Aide-toi, le ciel t'aidera*. Le travail n'a pas le temps de faire des souhaits. Celui qui vit d'espérance court risque de mourir de faim.

Point de profit sans peine. Un métier vaut un fonds de terre ; une profession est un emploi qui nous procure honneur et profit. Trois déménagements équivalent à un incendie[2].

Labourez pendant que le paresseux dort, et vous aurez du blé pour vous et pour les acheteurs. Travaillez pendant les heures que vous avez aujourd'hui, car vous ignorez les empêchements qui peuvent survenir demain. Levez-vous avant le jour, et que

---

[1] De même que les habits se font avec de l'étoffe, la vie se compose du temps, c'est-à-dire d'années, de jours, d'heures, et ceux qui perdent le temps perdent leur propre vie.

[2] En changeant de demeure, on détériore beaucoup de meubles, on en égare d'autres et l'on perd un temps précieux, de manière qu'en déménageant trois fois on perd autant que si l'on avait eu à souffrir d'un incendie qui aurait détruit tous les meubles.

le soleil, en regardant la terre, ne dise pas : Voilà
un lâche qui sommeille.

La besogne est rude et vous êtes faible; mais
sachez vouloir et persévérer, et vous verrez des
merveilles : *goutte à goutte l'eau ronge la pierre.* La
paresse engendre des désordres et le loisir inutile
engendre les chagrins.

Allez vous-même à vos affaires, l'œil du maître
fait plus que ses deux mains. Voulez-vous avoir un
serviteur fidèle et que vous aimiez, servez-vous
vous-même. (FRANKLIN.)

XLIX
Bonaparte au Saint-Bernard.

Le général Bonaparte[1] se mit enfin en marche
pour traverser le col le 20[2], avant le jour. Son aide
de camp et son secrétaire l'accompagnaient. Les arts
l'ont dépeint franchissant les neiges des Alpes sur un
cheval fougueux; voici la simple vérité. Il gravit le
Saint-Bernard[3], monté sur un mulet, revêtu de cette
enveloppe grise qu'il a toujours portée, conduit par
un guide du pays, montrant dans les passages difficiles la distraction d'un esprit occupé ailleurs, entre-
tenant les officiers répandus sur la route, et puis,

[1] Bonaparte était alors premier consul; quatre ans après, il fut
proclamé empereur sous le nom de Napoléon.
[2] Au mois de mai 1800.
[3] Entre la Suisse et l'Italie.

par intervalles, interrogant le conducteur qui l'accompagnait, se faisant conter sa vie, ses plaisirs, ses peines, comme un voyageur oisif qui n'a pas mieux à faire. Ce conducteur, qui était tout jeune, lui exposa naïvement les particularités de son obscure existence, et surtout le chagrin qu'il éprouvait de ne pouvoir, faute d'un peu d'aisance, épouser l'une des filles de cette vallée. Le premier consul, tantôt l'écoutant, tantôt questionnant les passants dont la montagne était remplie, parvint à l'hospice où les bons religieux le reçurent avec empressement. A peine descendu de sa monture, il écrivit un billet qu'il confia à son guide, en lui recommandant de le remettre exactement à l'administrateur de l'armée, resté de l'autre côté du Saint-Bernard. Le soir, le jeune homme, retourné à Saint-Pierre, apprit avec surprise quel puissant voyageur il avait conduit le matin et sut que le général Bonaparte lui faisait donner un champ, une maison, les moyens de se marier enfin, et de réaliser tous les rêves de sa modeste ambition. Ce montagnard vient de mourir de nos jours, dans son pays, propriétaire du champ que le dominateur du monde lui avait donné. (Thiers.)

L

Dieu voit tout.

Alfred, un jour, voulait profiter de l'absence de ses parents pour se livrer à la gourmandise : « Viens, dit-il à son frère Léon, qui était plus âgé que lui de trois ans, puisque nous sommes seuls, nous allons bien nous amuser en mangeant tout ce que nous trouverons de meilleur dans la maison. — Je veux bien, répondit Léon, mais il faut prendre bien garde qu'on ne nous voie; car notre père nous punirait certainement s'il apprenait que nous avons commis une faute. — Bah! fit Alfred, qui donc pourrait nous voir? Est-ce que la porte n'est pas bien fermée? Allons d'abord dans la cuisine; j'ai grande envie de me régaler avec les gâteaux que ma tante nous a envoyés ce matin et que notre mère a placés dans le buffet¹. »

Comme ils y entraient, Léon dit à son frère : « N'aperçois-tu pas cette femme qui travaille vis-à-vis et qui n'a qu'à lever la tête pour voir tout ce que nous faisons? Si nous mangions les gâteaux, elle ne manquerait pas de le dire à notre mère. — Eh bien! dit Alfred, passons dans la pièce où l'on conserve le lait; je suis sûr qu'il y a de la crème, et nous allons faire un festin délicieux.

— Regarde, dit Léon en y entrant, cet ouvrier qui travaille dans la cour; nous ne pouvons rien faire ici sans qu'il le voie, et il est trop fidèle à ses devoirs pour ne pas instruire notre père des fautes qu'il nous verrait commettre. — Alors descendons à la cave,

¹ On appelle buffet une petite pièce ou un meuble dans lesquels on conserve les aliments.

reprit Alfred; là, il fait très sombre, nous n'aurons à craindre les regards d'aucun indiscret, et nous prendrons des pommes tant que nous en voudrons.

— Il est vrai, ajouta Léon, que personne ne saurait probablement ce que nous pourrions faire dans la cave; mais Dieu, mon cher Alfred, as-tu pensé que Dieu ne nous verrait pas dans les ténèbres, qu'il ne connaîtrait pas nos actions coupables et qu'il ne nous en demanderait pas compte un jour? Déjà il a vu la mauvaise pensée que tu as conçue de satisfaire **ta** gourmandise; crois-tu que son œil ne pénètre point partout jusqu'au fond de notre conscience? Hâtons-nous de lui adresser une prière pour obtenir le pardon de notre faute. » (***)

Pensées.

Chose admirable! la religion chrétienne, qui ne semble avoir d'objet que la félicité de l'autre vie, fait encore notre bonheur dans celle-ci. (MONTESQUIEU.)

Voulez-vous qu'on dise du bien de vous, n'en dites point; le moi est haïssable. (PASCAL.)

Fille, parlez de telle manière que votre parole soit trempée de charité et que votre parole ne blesse personne. (S. LOUIS.)

Quelles sont précieuses à l'instituteur les larmes de joie que répand une mère en lui disant qu'il a su lui rendre son fils plus cher en le rendant meilleur. (Mme RUCK.)

Le magistrat, c'est la loi vivante. (CICÉRON.)

Si tu aimes le sommeil, crains la pauvreté. (*)

Un menteur, soit qu'il mente, soit qu'il dise la vérité, n'est jamais cru; il ne trompe par conséquent que lorsqu'il dit la vérité. (*)

Bien des hommes ne vivent que pour manger et boire; moi je ne mange et ne bois que pour vivre. (SOCRATE.)

J'ai tout perdu, excepté ce que j'ai donné. (MARC-AURÈLE.)

La morale a pour objet la volonté humaine. Or, la volonté est conduite par la raison et séduite par le bien apparent. Les aiguillons de la volonté sont les affections; aussi Salomon a-t-il dit : « Avant tout, mon fils, garde ton cœur, car c'est de là que procèdent toutes les actions de la vie. » (BACON.)

C'est chose plus heureuse de donner que de recevoir. (S. FRANÇOIS DE SALES.)

Quel bel ouvrage est l'homme ! Qu'il est noble dans sa raison ! Qu'il est infini dans ses facultés ! Qu'il est admirable dans sa force ! Dans l'action comme il ressemble à un ange ! Dans la conception comme il ressemble à un Dieu ! (SHAKSPEARE.)

LI

Indigence et Probité.

C'est l'hiver, c'est le soir; le ciel est sombre, l'air glacial, et le vent siffle dans les branches des arbres

dénudés. La petite Jeannette marche à pas précipités
sur le chemin pierreux, regagnant, avec sa chèvre,
la triste cabane où elle a laissé sa mère malade. Elle
est soucieuse, inquiète, non pas qu'elle ait peur;
mais elle pense à sa pauvre mère qui, par ce temps
si froid, n'a pas un seul vêtement un peu chaud
pour se couvrir. De tristes soupirs s'échappent de sa
poitrine et ses yeux sont remplis de larmes. Elle
atteint la grande route et se signe dévotement en
passant devant la statue de la bonne Vierge, abritée
dans le creux d'un rocher. Tout-à-coup elle aperçoit
un gros paquet étendu au milieu du chemin; elle y
court; c'est un manteau en bon drap, bien chaud.

« *Sancta Maria!* la bonne trouvaille! » s'écrie-
t-elle avec joie. Elle le met sur son épaule, et pressant sa chèvre, elle galoppe jusqu'à ce qu'elle arrive
hors d'haleine à la cabane.

« Mère! mère! crie-t-elle en ouvrant la porte,
vous aurez maintenant de quoi vous préserver du
froid qui vous rend si malade.

— Que veux-tu dire? répondit Françoise, qui se
tenait toute pâle et tremblante près de son foyer où
fumaient quelques branches de bois mort; qu'est-ce
que tu portes-là?

— Tenez, je viens de ramasser ce manteau sur la
route; il est pour vous!

— Pour moi! malheureuse enfant! dit la mère
avec une douloureuse surprise, et de quel droit? Ce

que nous trouvons nous appartient-il ? Est-il à toi ce manteau ? »

Jeannette baisse les yeux et se met à pleurer.

— « Nous sommes si pauvres ! murmura-t-elle ; vous êtes malade..., vous avez froid. »

Françoise la prend dans ses bras.

— « Nous sommes pauvres, il est vrai, dit-elle ; mais j'espère que Dieu permettra que nous restions toujours honnêtes. Oh ! ma fille, ta tendresse pour moi vient de t'entraîner dans une grande faute. As-tu osé croire un seul instant que je voudrais m'approprier le bien d'autrui ? Les commandements de Dieu que tu répètes chaque jour et les leçons que je t'ai si souvent faites n'ont donc pas gravé dans ton cœur que nous ne devons ni rien prendre ni rien garder de ce qui ne nous appartient pas... Hâtons-nous, pour apaiser Dieu, de nous mettre en prières. Dis tout haut ton *Pater,* enfant ! »

Elles se mirent à genoux et la petite, en pleurant, récita la prière enseignée aux hommes par Celui qui fraternisa avec eux, en disant : *Notre père !* Quand elle fut arrivée à ces mots : *Ne nous laissez pas succomber à la tentation,* sa voix se brisa et ses sanglots éclatèrent. Ce fut la mère qui continua d'une voix attendrie : *Mais délivrez-nous du mal. Ainsi soit-il.*

Après avoir étalé le manteau, Françoise le mit sur ses épaules et s'y tint enveloppée quelques instants, puis elle le plia soigneusement et dit à sa fille : « Demain matin, tu iras le porter à M. le maire, qui

trouvera sans doute la personne qui l'a perdu. »
(Mme RUCK.)

LII

Avantages de l'Instruction.

Il n'y a qu'un bien qui mette la vie à l'abri des
plus dures vicissitudes, et on ne se le procure que
par l'étude et le travail. Oh ! contre celui-là, c'est
en vain que les eaux se débordent et que la terre se
soulève, et que le ciel épuise ses fléaux. Pour qui
possède celui-là, il n'y a point de revers qui puisse
démonter son courage, tant qu'il lui reste une
faculté dans l'âme ou un métier dans la main. L'aimable science des arts est la plus belle dot des fiancés.
L'aptitude aux soins domestiques est la couronne des
femmes. L'homme qui possède une industrie utile
ou des connaissances d'une application commune,
est plus réellement riche que les riches, ou plutôt il
n'y a que lui de riche et d'indépendant sur la terre.
Toute autre fortune est trompeuse et passagère. Elle
vaut moins et dure peu. Travaillez donc, mes enfants,
travaillez avec modération, car un travail excessif
brise les meilleurs esprits, comme une culture trop
exigeante épuise le sol le plus productif. Amusez-
vous quelquefois et même souvent, car les exercices
du corps sont nécessaires à votre âge, et tout ce qui
délasse la pensée d'un travail suspendu à propos la
rend plus capable de le reprendre sans effort. Reve-

nez au travail avant que le plaisir vous ennuie; les
plaisirs poussés jusqu'à l'ennui dégoûtent du plaisir.
Rendez-vous utiles enfin pour vous rendre dignes
d'être aimés et soyez aimés pour être heureux. S'il
existe un autre bonheur sur la terre, je n'en sais pas
le secret. (Ch. Nodier.)

LIII
Dignité de l'Instituteur.

Chacun, dans la société, occupe une place, rend
son service; il y a dévouement mutuel; tout y est
honorable à ce point de vue, parce que tout y est
utile et concourt au bien général. Ce dévouement
réciproque est le but même et aussi l'âme, la vie, la
gloire de la société humaine.

Il faut, toutefois, reconnaître qu'il y a certaines
fonctions sociales plus dignes, plus élevées que les
autres. Les unes, en effet, servent les âmes, les
autres ne servent que le corps; les unes servent aux
besoins les plus élevés de l'homme, les autres ne
servent qu'à ses besoins inférieurs ou même à ses
plaisirs.

Les plus dignes, sans contredit, sont celles dont le
service est le plus élevé. Autant donc l'âme est au-
dessus du corps, autant le service des âmes est un
ministère supérieur à celui qui n'a pour objet que le
service du corps. C'est en même temps un service
bien autrement laborieux; car c'est dans le service

des âmes que se trouvent les besoins les plus délicats, les plus profonds de l'humanité et, par là même, les plus difficiles à satisfaire.

De là vient qu'on a toujours placé si haut les fonctions qui sont dévouées au service du droit et de la justice, dévouées à la défense de la faiblesse et du malheur, les fonctions de la magistrature...

« Mais, dit Platon avec cette finesse d'esprit qui le caractérise, l'éducation ! qu'est-ce autre chose sinon l'art d'attirer et de conduire les enfants vers ce que la loi dit être la justice et la droite raison, et qui a été déclaré tel par les hommes les plus sages et les plus expérimentés. » Développant sa pensée, Platon ajoute : « La république a besoin d'un magistrat qui préside à l'éducation; mais l'homme choisi pour cette place et ceux qui la choisiront doivent bien savoir que, parmi les grandes fonctions de l'État, il n'y en a pas de plus noble et de plus sacrée. »

En y réfléchissant sérieusement et en allant au fond des choses, il est aisé de comprendre pourquoi les anciens avaient fait ainsi un magistrat de l'instituteur et l'avaient même élevé au-dessus de toutes les autres magistratures.

En effet, les magistrats ordinaires interprètent les lois et les appliquent, mais ils n'enseignent pas la vertu et la perfection de la justice : c'est ce que se propose avant tout l'instituteur de la jeunesse.

Les magistrats ordinaires punissent le mal; mais il y a quelque chose de plus heureux et de meilleur, c'est de le prévenir, c'est de l'étouffer à sa naissance et dans son premier germe : tel est le devoir, telle est la sainte mission de l'instituteur...

Ce qui fait la dignité, on peut même dire la majesté suprême des magistrats, c'est qu'ils sont la sécurité des bons et la terreur des méchants, c'est qu'ils vengent la société des attentats qui la troublent. Mais il y a évidemment quelque chose de plus grand encore : c'est le noble travail et l'œuvre de l'instituteur. Si la patrie doit une profonde reconnaissance aux magistrats qui la délivrent des mauvais citoyens, combien ne doit-elle pas à l'instituteur qui lui prépare, dans ses jeunes élèves, des citoyens vertueux, lesquels seront un jour sa force et sa gloire, et sont déjà sa plus chère espérance ? (DUPANLOUP.)

Pensées.

La pensée de la mort ne s'offre pas à l'homme sage comme un objet d'effroi, ni à l'homme pieux comme un dernier terme. Elle rappelle le premier à l'étude de la vie et lui apprend à en profiter, elle présente au second un avenir de bonheur et lui donne l'espérance au milieu de ses jours de tristesse. Pour l'un et pour l'autre, la mort devient la vie. (GŒTHE.)

Nos plus grands vices prennent leur pli dès notre plus tendre enfance, et notre principal gouvernement est entre les mains de nos nourrices et de nos premiers maîtres. (MONTAIGNE.)

Fille, aimez les pauvres gens et Dieu vous aimera. (S. Louis.)

En devenant plus aimable, vous deviendrez plus heureux. (Mme Ruck.)

Il fut savant, c'est peu de chose ; il fut célèbre, ce n'est rien ; il fut heureux, parce que la culture de l'esprit et la bienveillance de l'âme composent le vrai bonheur de l'homme ; cela c'est tout. (Ch. Nodier.)

Chers enfants, aimez-vous les uns les autres. (S. Jean.)

O vertu ! c'est par toi seule que l'homme surpasse toutes les créatures contenues sous le ciel. (Dante.)

La flatterie et la calomnie sont souvent réunies ; la flatterie et la bassesse sont inséparables. (Tacite.)

Ne donnez aux enfants que des modèles de bonté et de bon goût ; ne mettez entre leurs mains que des auteurs où leur âme trouve à la fois un mouvement et un repos perpétuels, qui les occupent sans effort et dont ils se souviennent sans peine. (Joubert.)

Ne cherchez vos plaisirs qu'aux sources simples et pures ; entretenez avec respect, dans votre âme, le mystérieux foyer de l'enthousiasme pour ce qui est beau, vrai et juste. (*)

Considérez quel équilibre terrible préside à la destinée humaine : ce qui était ici-bas une souffrance passagère sera là-haut un triomphe éternel ; ce qui était ici-bas un triomphe passager sera là-haut un éternel désespoir. (Schiller.)

L'homme est bon ou n'est pas grand. (Mlle DE GOURNAY.)

La seule, la véritable école populaire est celle où tous les éléments d'étude servent à la culture de l'âme, et où l'enfant s'améliore par les choses qu'il apprend et par la manière dont il les apprend. (VILLEMAIN.)

L'éducation a pour but de nous former à la vertu dès l'enfance et de nous inspirer le désir ardent d'être des hommes accomplis habitués à commander et à obéir selon la justice. (PLATON.)

Celui qui n'aime pas les autres hommes ne connaît pas Dieu, car Dieu est amour. (S. JEAN.)

LIV

Jardin autour de la ferme.

La plus grande difficulté qui se présente communément pour la culture d'un jardin à la campagne, c'est de trouver la personne qui la dirigera et qui en exécutera les travaux. Les cultivateurs sont trop occupés d'autres travaux pour pouvoir diriger ceux du jardin, ou même pour surveiller les ouvriers, qui les exécutent lentement et chèrement s'ils ne sont constamment sous les yeux d'un surveillant. Je ne connais qu'un moyen pour la culture économique d'un jardin, c'est que la ménagère en prenne la direction. Par la nature même des choses, cette branche de l'économie rurale entre dans ses attributions. Ses occupations sédentaires lui permettent d'avoir toujours l'œil sur le jardin; elle peut y utiliser de la manière la plus profitable les instants que les autres occupations du ménage laissent libres, soit pour elle, soit pour les personnes qui l'entourent, les domestiques et même les enfants. Enfin personne ne connaît mieux qu'elle les besoins du ménage en légumes divers et en fruits pour chaque saison de l'année, en sorte que personne n'est plus à portée qu'elle de diriger la culture de manière à assurer un approvisionnement constant. Aussi, quand on rencontre une ferme qui se fait distinguer par un jardin plus étendu et plus soigné que les autres, si l'on prend des informations, on reconnaîtra toujours que c'est la ménagère qui en dirige la culture.

A toutes celles qui voudront prendre ce soin, je promets la plus agréable distraction à leurs travaux intérieurs et une source de bien-être pour le ménage et de jouissances pour elles-mêmes, qui feront bientôt pour elles de la culture du jardin l'occupation la plus douce et la plus attrayante. C'est donc aux épouses et aux filles des cultivateurs que je m'adresse pour la création des jardins auprès de toutes les fermes.

Quand on veut établir un jardin, c'est en hiver qu'il faut s'occuper du choix et de la disposition du terrain qu'on y consacrera. Si le cultivateur est assez heureux pour trouver dans sa femme des dispositions à entrer dans ses vues, il faut que, de son côté, il s'efforce de la seconder et de lui rendre cette tâche douce et facile. Il mettra à sa disposition le terrain le plus avantageux ; il le fera clore avec soin, de manière à le mettre à l'abri des dégâts de la volaille, le fléau le plus funeste au jardin dans le voisinage des habitations rurales. Il lui donnera, si cela est nécessaire, des aides surtout au moment où il faut bêcher le terrain ; il lui laissera, dans la direction des travaux et des cultures, cette entière indépendance qui peut seule nous inspirer un vif intérêt pour le succès de tout ce que nous entreprenons. Enfin, il ne plaindra pas le fumier dont la ménagère aura besoin pour le service du jardin, car abondance de légumes suppose abondance de fumier, et le cultivateur peut être assuré qu'aucune portion de son tas de fumier ne sera employée d'une manière plus profitable que celle qui prendra le chemin du jardin. (Mathieu Dombasle.)

LV
L'Amour des hommes.

O humanité, penchant généreux et sublime, qui vous annoncez, dans notre enfance, par les transports d'une tendresse naïve ; dans la jeunesse, par la témérité d'une confiance aveugle ; dans le courant de notre vie, par la facilité avec laquelle nous contractons de nouvelles liaisons ! O cris de la nature, qui retentissez d'un bout de l'univers à l'autre, qui nous remplissez de remords quand nous opprimons nos semblables, d'une volupté pure quand nous pouvons les soulager ! O amitié, ô bienfaisance, sources intarissables de biens et de douceurs, les hommes ne sont malheureux que parce qu'ils refusent d'entendre votre voix ! O Dieu, auteur de si grands bienfaits ! l'instinct pouvait sans doute, en rapprochant des êtres accablés de besoins et de maux, prêter un soutien passager à leur faiblesse ; mais il n'y a qu'une bonté infinie comme la vôtre qui ait pu former le projet de nous rassembler par l'attrait du sentiment et répandre, sur ces grandes associations qui couvrent la terre, une chaleur capable d'en éterniser la durée.

Cependant, au lieu de nourrir ce feu sacré, nous permettons que de frivoles dissensions, de vils intérêts travaillent sans cesse à l'éteindre. Si l'on nous disait que deux inconnus, jetés par hasard dans une île déserte, sont parvenus à trouver dans leur union des charmes qui les dédommagent du reste de l'univers ; si l'on nous disait qu'il existe une famille uniquement occupée à fortifier les liens du sang par les liens de l'amitié ; si l'on nous disait qu'il existe dans un coin de la terre un peuple qui ne connaît d'autre loi que celle de s'aimer, d'autre crime que de ne s'aimer pas assez, qui de nous oserait plaindre le sort de ces deux inconnus ? Qui ne désirerait appartenir à cette famille ? Qui ne volerait à cet heureux climat ? O mortels ignorants et indignes de votre destinée ! il n'est pas nécessaire de traverser les mers pour découvrir le bonheur; il peut exister dans tous les États, dans tous les temps, dans tous les lieux, dans vous, autour de vous, partout où l'on aime. (Barthélemy, *Voyage d'Anacharsis.*)

LVI
Dévouement réciproque.

Dans la forêt de Lions demeurait un bonhomme, bûcheron de son état, qui s'appelait Brisquet, ou autrement le fendeur à la bonne hache, et qui vivait pauvrement du produit de ses fagots avec sa femme Brisquette.

Le bon Dieu leur avait donné deux jolis petits enfants, un garçon de sept ans qui était brun, appelé Biscotin, et une blondine de six ans, nommée Biscotine.

Ils avaient un chien à poil frisé, noir par tout le corps, si ce n'est au museau, qu'il avait couleur de feu, et c'était bien le meilleur chien du pays pour son attachement à ses maîtres. On l'appelait la Bichonne.

Vous vous souvenez du temps où il vint tant de loups dans la forêt de Lions. C'était dans l'année des grandes neiges que les pauvres gens eurent si grand'peine à vivre. Ce fut une terrible désolation dans le pays.

Brisquet, qui allait toujours à sa besogne et qui ne craignait pas les loups à cause de sa bonne hache, dit un matin à Brisquette : « Femme, je vous prie de ne laisser sortir ni Biscotin ni Biscotine jusqu'à la forêt ; il y aurait du danger pour eux. Ils ont assez de quoi marcher entre la butte et l'étang, depuis que j'ai planté des piquets pour les préserver d'accident. Je vous prie aussi, Brisquette, de ne pas laisser sortir la Bichonne, qui ne demande qu'à trotter. »

Brisquet disait tous les matins la même chose à Brisquette. Un soir, il n'arriva pas à l'heure ordinaire. Brisquette venait sur le pas de la porte, rentrait, ressortait et disait en se croisant les mains : « Mon Dieu, qu'il est attardé!... »

Et puis elle sortit encore, en criant : « Eh! Brisquet! »

Et la Bichonne lui sautait jusqu'aux épaules, comme pour lui dire : « N'irai-je pas? — Paix! » lui dit Brisquette. — Écoute, Biscotine, va jusque vers la butte pour savoir si ton père ne revient pas. — Et toi, Biscotin, suis le chemin le long de l'étang, en prenant bien garde s'il y a des piquets qui manquent. Et crie fort : Brisquet! Brisquet!... — Paix, la Bichonne! »

Les enfants allèrent, allèrent, et quand ils se furent rejoints à l'endroit où le sentier de l'étang vient couper celui de la butte : « Je retrouverai notre pauvre père, dit Biscotin, ou les loups m'y mangeront. — Eh bien! dit Biscotine, ils m'y mangeront aussi. »

Pendant ce temps-là, Brisquet était revenu par le grand chemin.

« As-tu vu nos enfants? » lui dit Brisquette.

« Nos enfants? dit Brisquet. Nos enfants, mon Dieu! sont-ils sortis? — Je les ai envoyés à ta rencontre jusqu'à la butte et à l'étang, mais tu as pris un autre chemin. »

Brisquet ne posa pas sa bonne hache. Il se mit à courir du côté de la butte.

« Si tu menais la Bichonne? » lui cria Brisquette. La Bichonne était déjà bien loin.

Elle était si loin que Brisquet la perdit bientôt de vue. Et il avait beau crier : Biscotin! Biscotin! on ne lui répondait pas.

Alors il se prit à pleurer, parce qu'il s'imagina que ses enfants étaient perdus.

Après avoir couru longtemps, longtemps, il lui sembla reconnaître la voix de la Bichonne. Il marcha droit dans le fourré, à l'endroit où il l'avait entendue, et il y entra, sa bonne hache levée.

La Bichonne était arrivée là au moment où Biscotin et Biscotine allaient être dévorés par un gros loup. Elle s'était jetée devant en aboyant, pour que ses abois avertissent Brisquet. Brisquet, d'un coup de sa bonne hache, renversa le loup raide mort; mais il était trop tard pour la Bichonne, elle ne vivait déjà plus.

Brisquet, Biscotin et Biscotine rejoignirent Brisquette. C'était une grande joie, et cependant tout le monde pleura. Il n'y avait pas un regard qui ne cherchât la Bichonne. (CH. NODIER.)

LVII

De la Religion chrétienne.

Ce qui me paraît être le caractère du vrai culte, ce n'est pas de craindre Dieu comme on craint un homme puissant et terrible qui accable quiconque ose lui résister. Les païens offraient de l'encens, des victimes, à certaines divinités malfaisantes, pour les apaiser ; mais ce n'est pas l'idée que je dois avoir du Dieu créateur. Il est infiniment juste et puissant, il mérite sans doute d'être craint ; mais il n'est à craindre que pour ceux qui refusent de l'aimer et de se familiariser[1] avec lui. La meilleure crainte qu'on doive avoir à son égard est celle de lui déplaire et de ne pas faire sa volonté. Pour la crainte de ses châtiments, elle est utile aux hommes égarés de la bonne voie ; mais cette crainte n'est bonne qu'autant qu'elle prépare à l'amour. Il n'y a point d'homme sur la terre qui voulût être craint par ses enfants, sans en être aimé ; la crainte seule des punitions n'est point ce qui peut entraîner un cœur noble et généreux. Quand on ne pratique les vertus que par cette seule crainte, sans avoir aucun amour du vrai bien, on ne les pratique que pour éviter les souffrances, et, par conséquent, si l'on pouvait éviter la punition, on se

[1] Ce mot, plein de délicatesse, signifie ici vivre en amitié.

dispenserait de pratiquer les vertus. Il n'y a point de père qui veuille être honoré ainsi. (Fénélon.)

Pensées.

Les sciences, les arts, l'industrie, tout se perfectionne, tout avance dans la voie du progrès, et Dieu a permis aussi que l'art de faire le bien, que la charité suivît cette loi de l'humanité. Notre siècle a compris enfin que la misère avait pour causes l'ignorance et la paresse, et la société a cherché à procurer à tous l'instruction qui éclaire, qui élève, et le travail qui assure l'aisance et la liberté. (*)

Un grand abus qu'on fait des mots, c'est qu'on les prend pour les choses. (Locke.)

La parole douce amortit la colère, comme l'eau éteint le feu. (S. François de Sales.)

Je ne veux pas que l'instituteur invente et parle seul; mais je veux qu'il écoute parler ses élèves. (Montaigne.)

Pour devenir parfait philosophe, l'homme n'a besoin d'étudier autre chose que lui-même. (Bossuet.)

Les bienfaits sont des trophées qu'on érige dans le cœur des hommes. (Xénophon.)

Nul bien sans peine. (*Devise du* Puget.)

Un philosophe répondit sagement à ceux qui lui demandaient quels services il rendait à ses élèves : « Je fais qu'ils aiment les choses justes et honnêtes. » (Plutarque.)

Heureux celui qui sait se contenter de peu ! Il n'est troublé ni par les craintes ni par les désirs des avares et des ambitieux. (HORACE.)

La plupart des hommes emploient la première partie de la vie à rendre l'autre misérable. (LA BRUYÈRE.)

Ce qui fait le bonheur, c'est de bien vivre, c'est de triompher des passions qui sont les maladies de l'âme. (S. JEAN-CHRYSOSTOME.)

On ne saurait douter que le plaisir que procure l'instruction ne l'emporte sur toutes les autres voluptés. (BACON.)

Le caractère essentiel de la beauté dans les arts, c'est d'exprimer les actes de l'âme. (SOCRATE.)

La charité est le lien de la perfection par lequel nous sommes unis à Dieu. (S. PAUL.)

SECONDE PARTIE

POÉSIE

1

Prière.

Dieu !
Que dès notre réveil notre voix te bénisse [1] ;
   Qu'à te chercher notre cœur empressé
T'offre ses premiers vœux, et que par toi finisse
   Le jour par toi saintement commencé.
Nous t'implorons, Seigneur, tes bontés sont nos armes [2]
   De tout péché rends-nous purs à tes yeux ,
Fais que, t'ayant chanté dans ce séjour de larmes ,
   Nous te chantions dans le repos des cieux.

(RACINE.)

---

[1] Ce mot a ici le sens de glorifier. La première pensée qui doit se présenter à l'esprit, en effet, aussitôt qu'on ouvre les yeux à la lumière, c'est la pensée de la grandeur, de la puissance et de la bonté de Dieu, qui nous fait jouir de la vie et du magnifique spectacle de la création.

[2] C'est-à-dire, nous ne sommes puissants, nous ne pouvons quelque chose que par la bonté de Dieu.

II

Prière pour les petits enfants.

Notre Père des cieux, Père de tout le monde[1] !
De vos petits enfants c'est vous qui prenez soin ;
Mais à tant de bonté vous voulez qu'on réponde,
Et qu'on demande aussi, dans une foi profonde,
    Les choses dont on a besoin !

Vous m'avez tout donné, la vie et la lumière,
Le blé qui fait le pain, la fleur qu'on aime à voir,
Et mon père et ma mère, et ma famille entière ;
Moi, je n'ai rien pour vous, mon Dieu ! que la prière,
    Que je vous dis matin et soir.

Notre Père des cieux, bénissez ma jeunesse :
Pour mes parents, pour moi, je vous prie à genoux ;
Afin qu'ils soient heureux, donnez-moi la sagesse,
Et puissent leurs enfants les contenter sans cesse
    Pour être aimés d'eux et de vous !

(Mme Tastu.)

III

Hymne de l'enfant à son réveil.

O Père qu'adore mon père !
Toi, qu'on ne nomme qu'à genoux,

---

[1] Cette délicieuse petite pièce ne renferme aucun mot que les enfants ne puissent comprendre. Il s'agit de la leur faire réciter lentement, avec un ton convenable, qui doit être celui d'une prière profondément sentie.

Toi, dont le nom terrible et doux
Fait courber[1] le front de ma mère !

On dit que ce brillant soleil
N'est qu'un jouet de ta puissance[2],
Que sous tes pieds[3] il se balance
Comme une lampe de vermeil[4].

On dit que c'est toi qui fais naître
Les petits oiseaux dans les champs,
Et qui donne[5] aux petits enfants
Une âme aussi pour te connaître.

On dit que c'est toi qui produis
Les fleurs dont le jardin se pare,
Et que, sans toi, toujours avare,
Le verger n'aurait pas de fruits.

Aux dons que ta bonté mesure[6]
Tout l'univers est convié,
Nul insecte[7] n'est oublié
A ce festin de la nature.

[1] C'est par respect, encore plus que par crainte, qu'on baisse la tête en priant, en pensant à la grandeur infinie de Dieu, devant lequel nous devons tant nous humilier, surtout quand nous avons quelque faute à nous reprocher.

[2] Dieu a fait le soleil comme en se jouant. Ce grand astre n'est rien en comparaison de la puissance du Créateur.

[3] Dieu n'a pas de corps; mais le poète a voulu donner une idée de sa grandeur en disant que le soleil est à ses pieds.

[4] Le vermeil est un métal précieux, formé d'argent et d'or.

[5] Il faudrait *donnes*, mais le poète a supprimé l's pour la régularité du vers.

[6] Dieu mesure selon sa bonté infinie les bienfaits qu'il répand dans l'univers.

[7] Par insectes on entend ici les plus petits animaux.

L'agneau broute le serpolet ,
La chèvre s'attache au cytise ,
La mouche au bord du vase puise
Les blanches gouttes de mon lait.

L'alouette a la graine amère
Que laisse échapper le glaneur ,
Le passereau suit le vanneur ,
Et l'enfant s'attache à sa mère.

Et pour obtenir chaque don
Que chaque jour tu fais éclore [1],
A midi, le soir, à l'aurore ,
Que faut-il? prononcer ton nom.

O Dieu ! ma bouche balbutie [2]
Ce nom des anges redouté ;
Un enfant même est écouté
Dans le chœur [3] qui te glorifie.

Ah! puisqu'il entend de si loin
Les vœux que notre bouche adresse [4] ,
Je veux lui demander sans cesse
Ce dont les autres ont besoin.

Mon Dieu ! donne l'onde aux fontaines ,
Donne la plume aux passereaux ,

[1] Faire éclore signifie ici produire, faire naitre.
[2] C'est-à-dire, prononcer avec peine.
[3] Le mot *chœur* exprime une réunion de personnes qui chantent.
[4] Il faudrait *lui adresse*; mais, pour la régularité du vers, le poète a supprimé le pronom *lui*.

Et la laine aux petits agneaux ,
Et l'ombre et la rosée aux plaines.

Donne au malade la santé ,
Au mendiant le pain qu'il pleure[1] ,
A l'orphelin une demeure ,
Au prisonnier la liberté.

Donne une famille nombreuse
Au père qui craint le Seigneur ;
Donne à moi sagesse et bonheur ,
Pour que ma mère soit heureuse !

(LAMARTINE.)

IV

L'Enfant heureux.

O bienheureux mille fois
L'enfant que le Seigneur aime ,
Qui de bonne heure entend sa voix[2] ,
Et que ce Dieu daigne instruire lui-même !
Loin du monde élevé, de tous les dons des cieux
Il est orné, dès sa naissance ;
Et du méchant l'abord contagieux[3]
N'altère point son innocence.

[1] C'est-à-dire, qu'il demande en pleurant.
[2] C'est par la conscience que Dieu nous fait entendre sa voix,
qui nous excite au bien. Attachons-nous à la suivre.
[3] On appelle contagieux un mal qui se communique par le
contact des personnes qui en sont atteintes. Tel est le vice : la
fréquentation des gens vicieux corrompt promptement les meilleurs caractères.

8

Tel, en un frais vallon ,
Au bord d'une onde pure ,
Croît, à l'abri de l'aquilon [1],
Un jeune lis, l'honneur de la nature.
Heureux, heureux mille fois
L'enfant que le Seigneur rend docile à sa voix.

(RACINE.)

V

Conseils à un enfant.

Oh ! bien loin de la voie [2]
Où marche le pécheur
Chemine où Dieu t'envoie [3] ;
Enfant! garde ta joie !
Lis [4] ! garde ta blancheur !

Sois humble : que t'importe
Le riche ou le puissant !
Un souffle les emporte :
La force la plus forte ,
C'est un cœur innocent !

[1] L'aquilon est un vent froid, venant du nord.

[2] Le mot *voie* signifie *chemin*. Il s'emploie surtout dans le sens moral ; on dit : *La voie du bonheur*, c'est-à-dire le chemin qui conduit *au bonheur ou la pratique* de la vertu ; la *voie du vice*, c'est-à-dire les fautes qui mènent au vice.

[3] Dieu montre à chacun de nous le chemin que nous devons suivre, par les inspirations de notre conscience. Sachons y être attentifs.

[4] Le poète désigne par le nom de *lis*, qui est le symbole de l'innocence, l'enfant dont la candeur n'a reçu aucune atteinte.

Bien souvent Dieu repousse
Du pied les hautes tours ;
Mais, dans le nid de mousse ,
Où chante une voix douce ,
Il regarde toujours[1].

(VICTOR HUGO.)

VI

L'Ange gardien.

Veillez sur moi quand je m'éveille ,
Bon ange, puisque Dieu l'a dit ;
Et, chaque nuit, quand je sommeille ,
Penchez-vous sur mon petit lit.
Ayez pitié de ma faiblesse ,
A mes côtés marchez sans cesse ,
Parlez-moi le long du chemin ;
Et, pendant que je vous écoute ,
De peur que je ne tombe en route ,
Bon ange, donnez-moi la main[2].

(Mme TASTU.)

[1] Dans ces vers, la Providence est personnifiée, ou représentée sous les traits d'une personne qui dédaigne les palais, les grandes maisons, où elle n'est pas invoquée, pour s'occuper du nid où chantent doucement de petits oiseaux. Le poëte nous montre ainsi que la bonté de Dieu s'étend sur toutes les créatures.

[2] Tout est clair, facile, charmant, dans ce délicieux morceau, que les enfants doivent réciter avec un ton simple et un cœur attendri.

VII
Fidélité à Dieu.

A celui qui m'est fidèle ,
Dit la sagesse éternelle [1] ,
J'assurerai mes secours ,
Je raffermirai sa voie [2] ,
Et dans des torrents de joie
Je ferai couler ses jours.
Dans ses fortunes diverses
Je viendrai toujours à lui ;
Je serai, dans ses traverses [3] ,
Son inséparable appui ;
Je le comblerai d'années
Paisibles et fortunées ;
Je bénirai ses desseins ;
Il vivra dans ma mémoire
Et partagera la gloire
Que je réserve à mes saints.

(J.-B. ROUSSEAU.)

VIII
Le Laboureur et ses enfants.

Travaillez, prenez de la peine ,
C'est le fonds [4] qui manque le moins.

[1] La sagesse éternelle, c'est Dieu qui est toujours parfaitement sage.
[2] Dieu sait rendre bon et facile le chemin de ceux qui s'habituent à suivre sa loi.
[3] C'est-à-dire, dans ses malheurs.
[4] C'est-à-dire, terrain, biens-fonds.

Un riche laboureur, sentant sa fin prochaine,
Fit venir ses enfants, leur parla sans témoins.
« Gardez-vous, leur dit-il, de vendre l'héritage.
        Que nous ont laissé nos parents ;
        Un trésor est caché dedans.
Je ne sais pas l'endroit, mais un peu de courage
Vous le fera trouver, vous en viendrez à bout.
Remuez votre champ dès qu'on aura fait l'août [1],
Creusez, fouillez, bêchez, ne laissez nulle place
        Où la main ne passe et repasse. »
Le père mort, les fils vous retournent le champ,
De çà, de là, partout, si bien qu'au bout de l'an
        Il en rapporta davantage.
D'argent, point de caché. Mais le père fut sage
        De leur montrer, avant sa mort,
        Que le travail est un trésor.

                                (LA FONTAINE.)

IX

Le Travail.

Le travail est la loi du monde, a dit un sage.
Il en est le besoin et le premier de tous.
A cet hôte divin, enfants, rendez hommage,
        C'est le travail [2] qui vient à vous.

Travaillez... hâtez-vous de devenir des hommes,
Le mérite aujourd'hui marque à chacun son rang :

---

[1] Faire l'août, c'est faire la moisson, recueillir la récolte qui ordinairement est mûre au mois d'août, dans le nord de la France.
[2] C'est une bien gracieuse et bien juste image que de représenter le travail comme un hôte divin qui va trouver les enfants dans les écoles.

C'est par le travail seul, dans le siècle où nous sommes,
    Qu'on est petit ou qu'on est grand[1] !

Travaillez... tout s'émeut !... les arts et l'industrie
Convoquent l'univers à de nobles combats,
Et, pour de grands devoirs, notre chère patrie
    Réclame des cœurs et des bras[2] !

Faites plus, faites mieux que ne firent vos frères ;
Ils labouraient le champ où vous moissonnerez ;
Ils marchaient dans la nuit[3], incertains, solitaires[4] :
    Au grand soleil vous les suivrez !

                      (CAMILLE DOUCET.)

X

Le Nid de fauvette ou l'Amour maternel.

Je le tiens ce nid de fauvette !
Ils sont deux, trois, quatre petits !
Depuis si longtemps je vous guette[5] :
Pauvres oiseaux, vous voilà pris !

---

[1] C'est une grande vérité que les maîtres de l'enfance ne sauraient trop s'attacher à lui faire comprendre.

[2] Jamais il n'avait été donné aux arts, à l'industrie, à l'agriculture, une impulsion aussi vive que celle que lui a imprimée la volonté de l'Empereur, si attentif à tout ce qui augmente la gloire et la prospérité de la France.

[3] Les sciences n'avaient pas encore créé les merveilles que nous avons vu inventer.

[4] Depuis peu d'années seulement est né chez nous l'esprit d'association qui peut tenter les plus grandes entreprises.

[5] Guetter, c'est se tenir caché pour découvrir ce qui se fait auprès. Ce mot exprime bien l'action d'un enfant qui cherche un nid.

Criez, sifflez, petits rebelles[1] ,
Débattez-vous[2], ah ! c'est en vain :
Vous n'avez pas encore d'ailes[3] ,
Comment vous sauver de ma main ?

Mais, quoi ! n'entends-je pas leur mère
Qui pousse des cris douloureux !
Oui, je le vois, oui, c'est leur père
Qui vient voltiger[4] auprès d'eux.

Ah ! pourrais-je causer leur peine ,
Moi qui, l'été, dans les vallons ,
Venais m'endormir sous un chêne ,
Au bruit de leurs douces chansons ?

Hélas ! si, du sein de ma mère ,
Un méchant venait me ravir ,
Je le sens bien, dans sa misère[5] ,
Elle n'aurait plus qu'à mourir.

Eh ! je serais assez barbare[6],
Pour vous arracher vos enfants !
Non, non, que rien ne vous sépare ;
Non, les voici, je vous les rends.

----

[1] On appelle *rebelle* quelqu'un qui se révolte, qui refuse de faire ce qu'on lui ordonne. L'enfant traite de rebelles les oiseaux qui cherchent à lui échapper quand il veut les prendre.

[2] Se débattre, c'est s'agiter violemment.

[3] Les petits oiseaux ont bien des ailes, mais, comme elles sont dégarnies de plumes, ils ne peuvent pas voler.

[4] Les oiseaux voltigent quand ils ne volent qu'à de petites distances, en allant et revenant, comme lorsqu'on s'approche de leur nid.

[5] Le mot *misère* signifie ici *grande douleur*.

[6] Barbare a le même sens que cruel, sans pitié.

Apprenez-leur, dans le bocage [1],
A voltiger auprès de vous ;
Qu'ils écoutent votre ramage [2]
Pour former des sons aussi doux [3].

Et moi, dans la saison prochaine,
Je reviendrai, dans les vallons,
Dormir quelquefois sous un chêne,
Au bruit de leurs jeunes chansons.

(BERQUIN.)

XI

La Carpe et les Carpillons.

« Prenez garde, mes fils, côtoyez [4] moins le bord,
Suivez le fond de la rivière ;
Craignez la ligne [5] meurtrière,
Ou l'épervier [6], plus dangereux encor. »
C'est ainsi que parlait une carpe de Seine [7]
A de jeunes poissons qui l'écoutaient à peine.
C'était au mois d'avril : les neiges, les glaçons,
Fondus par les zéphyrs [8], descendaient des montagnes ;
Le fleuve enflé par eux s'élève à gros bouillons

---

[1] Un bocage est un petit bois, un lieu planté d'arbres touffus.

[2] On donne le nom de ramage au chant des petits oiseaux, tels que les rossignols, les fauvettes.

[3] Il faut compléter cette phrase en ajoutant : Aussi doux que *les vôtres*. Quand on écrit en vers, on peut parfois se permettre ces espèces d'abréviations qu'on appelle ellipses.

[4] *Côtoyer*, c'est suivre la côte ou le rivage.

[5] La ligne est un engin de pêche.

[6] L'épervier est un filet qui sert aussi à la pêche.

[7] La Seine est un fleuve où vivent beaucoup de carpes.

[8] Les zéphirs sont des vents légers et agréables.

Et déborde dans les campagnes.
« Ah! ah! criaient les carpillons,
Qu'en dis-tu, carpe radoteuse[1]?
Nous voilà citoyens de la mer orageuse,
Regarde : on ne voit plus que les eaux et le ciel,
Les arbres sont cachés sous l'onde,
Nous sommes les maîtres du monde,
C'est le déluge universel[2].
— Ne croyez pas cela, répond la vieille mère ;
Pour que l'eau se retire il ne faut qu'un instant.
Ne vous éloignez point, et, de peur d'accident,
Suivez, suivez toujours le fond de la rivière.
— Bah! disent les poissons, tu répètes toujours
Mêmes discours.
Adieu, nous allons voir notre nouveau domaine. »
Parlant ainsi, nos étourdis
Sortent tous du lit de la Seine
Et s'en vont dans les eaux qui couvrent le pays.
Qu'arriva-t-il? les eaux se retirèrent
Et les carpillons demeurèrent ;
Bientôt ils furent pris
Et frits.
Pourquoi quittaient-ils la rivière ?
Pourquoi? je le sais trop, hélas !
C'est qu'on se croit toujours plus sage que sa mère,

---

[1] Mot injurieux désignant une personne dont le jugement n'est pas sain.
[2] C'est bien le langage de la vanité et de l'inexpérience imprudente.

C'est qu'on veut sortir de sa sphère [1],
C'est que... c'est que... je n'en finirais pas.

(FLORIAN.)

XII

La bonne Semaine.

Mon Dieu ! pendant cette semaine,
Dans mes leçons et dans mes jeux,
Gardez-moi de faute ou de peine ;
Car qui dit l'un dit tous les deux [2].
Donnez-moi cette humeur docile
Qui rend le devoir plus facile ;
Et, si ma mère m'avertit,
Au lieu de cet esprit frivole
Que distrait la mouche qui vole,
Seigneur, donnez-moi votre esprit [3] !

(Mme TASTU.)

XIII

La Laitière et le Pot au lait.

Perrette, sur sa tête ayant un pot au lait,
Bien posé sur un coussinet,

---

[1] On dit qu'une personne sort de sa sphère quand elle a des prétentions exagérées et qu'elle veut paraître plus qu'elle n'est réellement.

[2] C'est une vérité dont on ne saurait trop se pénétrer, qu'une faute entraîne toujours après elle une peine.

[3] Demander à Dieu qu'il nous donne son esprit, c'est le prier de nous rendre bons, sages, parfaits, comme il l'est lui-même. Quelle excellente prière !

Prétendait arriver sans encombre[1] à la ville.
Légère et court vêtue[2], elle allait à grands pas ;
Ayant mis ce jour-là, pour être plus agile,
  Cotillon simple et souliers plats.
  Notre laitière ainsi troussée[3]
  Comptait déjà dans sa pensée
Tout le prix de son lait, en employait l'argent,
Achetait un cent d'œufs, faisait triple couvée ;
La chose allait à bien par son soin diligent.
  « Il m'est, disait-elle, facile
D'élever des poulets autour de ma maison ;
  Le renard sera bien habile
S'il ne m'en laisse assez pour avoir un cochon[4] ;
Le porc à s'engraisser coûtera peu de son ;
Il était, quand je l'eus, de grosseur raisonnable ;
J'aurai, le revendant, de l'argent bel et bon.
Et qui m'empêchera de mettre en notre étable,
Vu le prix dont il est, une vache et son veau,
Que je verrai sauter au milieu du troupeau ? »
Perrette là-dessus saute aussi transportée[5] ;
Le lait tombe ; adieu veau, vache, cochon, couvée.
La dame[6] de ces biens quittant d'un œil marri
  Sa fortune ainsi répandue,
  Va s'excuser à son mari,
  En grand danger d'être battue.

---

[1] C'est-à-dire, sans accident.
[2] Portait des vêtements courts.
[3] Habillée.
[4] Acheté avec le prix de la vente des poulets.
[5] De joie.
[6] Propriétaire de ces biens.

Le récit en farce fut fait ,
On l'appela : le Pot au lait.

(LA FONTAINE.)

XIV

Le Chêne et le Roseau.

Le chêne, un jour, dit au roseau :
« Vous avez bien sujet d'accuser la nature ,
Un roitelet[1] pour vous est un pesant fardeau ;
Le moindre vent qui d'aventure
Fait rider[2] la face de l'eau
Vous oblige à baisser la tête.
Cependant que mon front au Caucase[3] pareil ,
Non content d'arrêter les rayons du soleil ,
Brave l'effort de la tempête[4] ,
Tout vous est aquilon[5], tout me semble zéphir ,
Encor si vous naissiez à l'abri du feuillage
Dont je couvre le voisinage ,
Vous n'auriez pas tant à souffrir ,
Je vous défendrais de l'orage :
Mais vous naissez, le plus souvent ,
Sur les humides bords des royaumes[6] du vent.

[1] C'est le plus petit oiseau de nos contrées.
[2] Il se forme comme des rides au-dessus de l'eau agitée par un vent léger.
[3] Montagne très élevée de l'Asie.
[4] Une tempête est un vent très violent.
[5] L'*aquilon* est un vent impétueux et froid , le *zéphir* est un vent léger et agréable.
[6] On dit que le vent règne sur les bords des rivières et des étangs où croissent surtout les roseaux.

La nature envers vous me semble bien injuste.
— Votre compassion, lui répondit l'arbuste[1] ,
Part d'un bon naturel, mais quittez ce souci ,
   Les vents me sont moins qu'à vous redoutables :
Je plie et ne romps pas. Vous avez jusqu'ici ,
      Contre leurs coups épouvantables ,
      Résisté sans courber le dos ;
Mais attendons la fin. » Comme il disait ces mots ,
Du haut de l'horizon accourt avec furie
      Le plus terrible des enfants
Que le nord eût portés jusque-là dans ses flancs ;
      L'arbre tient bon , le roseau plie ,
      Le vent redouble ses efforts
      Et fait si bien qu'il déracine
Celui de qui la tête au ciel était voisine
Et dont les pieds touchaient à l'empire des morts[2].

(LA FONTAINE.)

XV

Des Biens véritables.

Source délicieuse, en misères féconde[3] ,
Que voulez-vous de moi, flatteuses voluptés ?
Honteux attachements de la chair[4] et du monde ,

---

[1] On appelle arbustes de petits arbres auxquels ressemblent les roseaux.

[2] Les anciens païens croyaient que les morts habitaient vers le centre de la terre, où se trouvait par conséquent leur empire.

[3] Les plaisirs ou voluptés sont comme une source délicieuse, mais ils ne produisent que maux et misères.

[4] On dit les plaisirs, les attachements de la chair ou du corps qui sont honteux, par opposition à ceux de l'esprit qui sont toujours purs.

Que ne me quittez-vous quand je vous ai quittés ?
Allez, honneurs, plaisirs, qui me livrez la guerre ;
    Toute votre félicité [1],
    Sujette à l'instabilité [2],
    En moins de rien tombe par terre ;
    Et, comme elle a l'éclat du verre,
    Elle en a la fragilité.

Ainsi n'espérez pas qu'après vous je soupire ;
Vous étalez en vain vos charmes impuissants [3],
Vous me montrez en vain, par tout ce vaste empire [4],
Les ennemis de Dieu, pompeux et florissants ;
Il étale, à son tour, des revers équitables
    Par qui les grands sont confondus.
    Les glaives qu'il tient suspendus
    Sur les plus fortunés coupables [5],
    Sont d'autant moins inévitables
    Que leurs coups sont moins attendus [6].

Saintes douceurs du ciel, adorables idées [7],
Vous remplissez un cœur qui vous peut recevoir ;
De vos sacrés attraits les âmes possédées

---

[1] Le bonheur que vous procurez.

[2] C'est-à-dire, sans durée, sans solidité.

[3] Les attraits, les charmes du plaisir, sont impuissants à vaincre un cœur fortement attaché à la vertu.

[4] Partout on voit des ennemis de Dieu, c'est-à-dire des hommes injustes et méchants, prospérer, briller, fleurir, mais presque toujours cet éclat est de courte durée, et de justes revers couvrent de confusion ceux qui avaient paru si grands.

[5] La justice de Dieu est comme une épée suspendue sur la tête des hommes coupables que la fortune favorise.

[6] Et cette justice, qui frappe quand on ne s'y attend pas, ne saurait être évitée.

[7] Les idées que fait naître la religion sont dignes d'adoration.

Ne conçoivent plus rien qui les puisse émouvoir [1].
Vous promettez beaucoup et donnez davantage [2].
Vos biens ne sont point inconstants,
Et l'heureux [3] trépas que j'attends
Ne nous sert que d'un doux [4] passage
Pour nous introduire au partage [5]
Qui nous rend à jamais contents.

(CORNEILLE.)

XVI

Les différents âges.

Le temps, qui change tout, change aussi nos humeurs [6],
Chaque âge a ses plaisirs, son esprit et ses mœurs.
Un jeune homme, toujours bouillant dans ses caprices,
Est prompt à recevoir l'impression des vices,
Est vain dans ses discours, volage en ses désirs,
Rétif à la censure [7] et fou dans les plaisirs.
L'âge viril, plus mûr, respire un air plus sage,
Se pousse auprès des grands, s'intrigue, se ménage,
Contre les coups du sort cherche à se maintenir
Et loin dans le présent regarde l'avenir.
La vieillesse chagrine incessamment amasse,

[1] L'homme juste et courageux ne s'émeut de rien.
[2] Les biens que la religion nous fait espérer sont infinis.
[3] Il n'est pas de plus belle mort que celle qui a pour cause la défense de la vérité, de la justice, le martyre.
[4] Pour l'homme de bien la mort n'est qu'un doux passage dans un monde meilleur.
[5] C'est-à-dire, pour nous donner la part.
[6] Les goûts, les habitudes, diffèrent selon les âges.
[7] Résiste aux conseils qui lui sont donnés pour l'amener à bien faire.

Garde, non pas pour soi, les trésors qu'elle entasse,
Marche, en tous ses desseins, d'un pas lent et glacé,
Toujours plaint le présent et vante le passé ;
Inhabile aux plaisirs dont la jeunesse abuse,
Blâme en eux les douceurs que l'âge lui refuse.

(Boileau.)

XVII

A un Père sur la mort de sa fille.

Ta douleur, Du Perrier, sera donc éternelle !
    Et les tristes discours [1]
Que te met en l'esprit l'amitié paternelle
    L'augmenteront toujours !

Le malheur de ta fille au tombeau descendue
    Par un commun [2] trépas,
Est-ce quelque dédale [3] où ta raison perdue
    Ne se retrouve pas ?

Je sais de quels appas son enfance était pleine,
    Et n'ai pas entrepris,
Injurieux [4] ami, de soulager ta peine
    Avecque son mépris.

---

[1] Les tristes sentiments que fait naître la tendresse paternelle douloureusement atteinte.

[2] Le trépas est commun à tout ce qui vit.

[3] On appelle dédale un lieu où l'on se perd facilement, au point de ne pouvoir se retrouver.

[4] Ce serait insulter un père que de chercher à le consoler de la mort de son enfant, en lui disant que cet enfant avait peu de mérite et se montrait digne de mépris. Les familles ne sont que trop souvent abusées sur les qualités de leurs enfants.

Mes enfants, dans ce village ,
Suivi de rois [1], il passa ,
Voilà bien longtemps de ça :
Je venais d'entrer en ménage.
A pied grimpant le coteau
Où pour voir je m'étais mise ,
Il avait petit chapeau
Avec redingote grise [2].
Près de lui je me troublai ;
Il me dit : Bonjour, ma chère !
     Bonjour, ma chère.
— Il vous a parlé, grand'mère ;
     Il vous a parlé [3] !

L'an d'après, moi, pauvre femme ,
A Paris étant un jour ,
Je le vis avec sa cour ;
Il se rendait à Notre-Dame [4] ,
Tous les cœurs étaient contents [5] ;
On admirait son cortége ,
Chacun disait : Quel beau temps !
Le ciel toujours le protége [6] ,
Son sourire était bien doux ,

[1] L'Empereur avait souvent près de lui les rois, ses frères et beaux-frères, ainsi que ceux qu'il avait vaincus.

[2] C'était la mise ordinaire, et devenue très populaire, de Napoléon Ier.

[3] Cette exclamation peint bien l'enthousiasme que l'Empereur inspirait au peuple.

[4] C'est le nom de la cathédrale de Paris.

[5] La France accueillit avec la plus vive joie la nouvelle de la naissance du prince impérial.

[6] La Providence semble couvrir, d'une manière toute spéciale, de sa protection la dynastie napoléonienne.

D'un fils Dieu le rendait père,
Le rendait père !
— Quel beau jour pour vous, grand'mère !
Quel beau jour pour vous !

Mais, quand la pauvre Champagne [1]
Fut en proie aux étrangers [2],
Lui, bravant tous les dangers,
Semblait seul tenir la campagne.
Un soir, tout comme aujourd'hui,
J'entends frapper à ma porte ;
J'ouvre, bon Dieu ! c'était lui,
Suivi d'une faible escorte [3].
Il s'asseoit où me voilà,
S'écriant : Oh ! quelle guerre !
Oh ! quelle guerre !
— Il s'est assis là, grand'mère !
Il s'est assis là !

J'ai faim, dit-il, et bien vite
Je sers piquette [4] et pain bis ;
Puis, il sèche ses habits,
Même à dormir le feu l'invite.
Au réveil, voyant mes pleurs,
Il me dit : Bonne espérance !
Je cours, de tous ses malheurs,

[1] Ce sont aujourd'hui les départements de l'Aube et de l'Yonne.
[2] Les armées étrangères souillèrent le sol de la France en 1814.
[3] Avec un petit nombre de braves, il écrasa une armée dix fois plus nombreuse que la sienne.
[4] On appelle piquette du vin d'une qualité tout à fait inférieure.

Sous Paris, venger la France [1].
Il part, et, comme un trésor,
J'ai depuis gardé son verre,
Gardé son verre...
— Vous l'avez encor, grand'mère !
Vous l'avez encor !

Le voici, mais à sa perte
Le héros fut entraîné,
Lui, qu'un pape a couronné [2],
Est mort dans une île déserte [3],
Longtemps aucun ne l'a cru ;
On disait : Il va paraître ;
Par mer il est accouru.
L'étranger va voir son maître [4].
Quand d'erreur on nous tira,
Ma douleur fut bien amère !
Oh ! bien amère !
— Dieu vous bénira, grand'mère !
Dieu vous bénira !

(BÉRANGER.)

[1] L'Empereur avait pris toutes ses précautions pour empêcher les étrangers d'entrer à Paris, et il comptait bien les cerner sous les murs de cette ville ; mais divers incidents déjouèrent ses projets, et il fut obligé d'abdiquer.

[2] Le pape Pie VII se rendit à Paris pour sacrer et couronner l'Empereur.

[3] Napoléon 1er mourut à l'île Sainte-Hélène, en 1821.

[4] Ce que dit le poète est complètement historique ; la vie de l'Empereur, les actes éclatants de son génie, avaient produit un tel enthousiasme dans l'esprit du peuple, qu'on ne voulait pas croire à sa mort et qu'on s'attendait à le voir revenir à l'improviste.

XXVII
La jeune Captive.

L'épi naissant mûrit, de la faulx respecté ;
Sans crainte du pressoir, le pampre, tout l'été,
   Boit les doux présents de l'aurore [1],
Et moi, comme lui belle et jeune comme lui,
Quoique l'heure présente ait de trouble et d'ennui,
   Je ne veux pas mourir encore [2].

Qu'un stoïque [3] aux yeux secs vole embrasser la mort,
Moi, je prie et j'espère ; au noir souffle du nord [4]
   Je plie et relève ma tête :
S'il est des jours amers, il en est de si doux !
Hélas ! quel miel jamais n'a laissé de dégoûts !
   Quelle mer n'a point de tempête !

L'illusion féconde habite dans mon sein,
D'une prison sur moi les murs pèsent en vain ;
   J'ai les ailes de l'espérance,
Échappée aux réseaux [5] de l'oiseleur cruel.
Plus vive, plus heureuse, aux campagnes du ciel
   Philomèle [6] chante et s'élance.

[1] Image poétique pour dire que la vigne se développe par l'action de la chaleur et de l'humidité de la rosée.

[2] La jeune personne dont parle le poète était menacée de mort par le tribunal révolutionnaire.

[3] Les stoïques étaient une secte de philosophes qui méprisaient les douleurs et bravaient la mort.

[4] C'est-à-dire, devant les terribles orages de la révolution.

[5] Aux filets.

[6] C'est ainsi qu'on désigne le rossignol, parce que, d'après la fable, une princesse, qui chantait admirablement et qui s'appelait Philomèle, aurait été changée en cet oiseau.

Est-ce à moi de mourir ! tranquille je m'endors
Et tranquille je veille, et ma veille aux remords
     Ni mon sommeil ne sont en proie.
Ma bienvenue au jour me rit dans tous les yeux ,
Sur des fronts abattus mon aspect, dans ces lieux ,
     Ranime presque de la joie.

Mon beau voyage encore est si loin de sa fin !
Je pars et des ormeaux qui bordent le chemin
     J'ai passé les premiers à peine [1] ;
Au banquet de la vie à peine commencé
Un instant seulement mes lèvres ont pressé
     La coupe en mes mains encore pleine [2].

Je ne suis qu'au printemps ; je veux voir la moisson ,
Et, comme le soleil, de saison en saison ,
     Je veux achever mon année ;
Brillante sur ma tige et l'honneur du jardin ,
Je n'ai vu luire encor que les feux du matin ;
     Je veux achever ma journée [3].

(ANDRÉ CHÉNIER.)

XXVIII

Le vrai Philosophe.

Le but d'un philosophe est de si bien agir ,
Que de ses actions il n'ait point à rougir.

---

[1] La vie est comparée à un voyage sur une route bordée d'arbres.
[2] La vie est encore semblable à une coupe qui se vide peu à peu chaque jour.
[3] Ces similitudes de la vie avec les saisons, avec les fleurs, avec les journées, sont pleines de grâce.

Il ne tend qu'à pouvoir se maîtriser[1] lui-même ;
C'est là qu'il met sa gloire et son bonheur suprême !
Sans vouloir imposer par ses opinions ,
Il ne parle jamais que par ses actions.
Loin qu'aux systèmes vains son esprit s'alambique[2],
Être vrai, juste, bon, c'est son système unique.
Humble dans le bonheur, grand dans l'adversité ,
Dans la seule vertu trouvant la volupté ;
Faisant d'un doux loisir ses plus chères délices ,
Plaignant les vicieux et détestant les vices :
Voilà le philosophe, et s'il n'est ainsi fait ,
Il usurpe un beau titre et n'en a pas l'effet.

(DESTOUCHES.)

XXIX

Les vertus, seuls biens impérissables.

Elles sont, au tombeau, nos compagnes fidèles ,
Et la mort et l'enfer se tairont devant elles ;
Ne fondez point ailleurs vos vœux ni votre espoir.
Quand vous auriez du trône exercé le pouvoir ,
Quand de siècles sans nombre, au gré de votre envie ,
Le ciel aurait tissu le cours de votre vie ,
Quand pour vous chaque jour eût créé des plaisirs
Et que chaque instant même eût comblé vos désirs ,
La mort, d'un cri lugubre, annoncera votre heure :
L'éternité pour vous ouvre alors sa demeure.

---

[1] Celui-là seul peut se dire sage qui sait maîtriser ses passions, qui possède son âme dans la patience, selon les expressions de l'Écriture sainte.
[2] C'est-à-dire, s'applique avec une recherche extrême.

On verse quelques pleurs suivis d'un prompt oubli :
Le corps né de la fange y rentre enseveli ,
Et l'esprit, remontant vers sa source divine ,
Va chercher son arrêt où fut son origine.

(LEFRANC DE POMPIGNAN.)

XXX

La mort de Jeanne Darc.

D'où vient ce bruit lugubre? Où courent ces guerriers,
Dont la foule à longs flots roule et se précipite ?
    La joie éclate sur leurs traits ;
    Sans doute l'honneur les enflamme[1] ;
Ils vont pour un assaut former leurs rangs épais ?
    Non, ces guerriers sont des Anglais
    Qui vont voir mourir une femme !

Qu'ils sont nobles dans leur courroux !
Qu'il est beau d'insulter un bras chargé d'entraves !
La voyant sans défense, ils s'écriaient, ces braves :
    Qu'elle meure ! elle a contre nous
Des esprits infernaux suscité la magie[2].
    Lâches, que lui reprochez-vous ?
D'un courage inspiré[3] la brûlante énergie ,

---

[1] Le poète parle ici, avec une mordante ironie et une dédaigneuse indignation, des Anglais que Jeanne Darc avait si souvent vaincus et qui couraient assister à son supplice.

[2] On appelle magie une prétendue science par laquelle certaines personnes étaient censées agir sur les démons et produire des merveilles.

[3] Jeanne Darc s'était sentie comme inspirée par Dieu même pour chasser les Anglais de la France.

L'amour du nom français, le mépris du danger,
    Voilà sa magie et ses charmes[1] !
    En faut-il d'autres que des armes
Pour combattre, pour vaincre et punir l'étranger !
Du Christ avec ardeur Jeanne baisait l'image ;
Ses longs cheveux épars flottaient au gré des vents,
Au pied de l'échafaud, sans changer de visage,
    Elle s'avançait à pas lents.

Tranquille elle y monta. Quand, debout sur le faîte,
Elle vit ce bûcher qui l'allait dévorer,
Les bourreaux en suspens, la flamme déjà prête,
Sentant son cœur faillir, elle baissa la tête
    Et se prit à pleurer !
    Oh ! pleure, fille infortunée !
    Ta jeunesse va se flétrir,
    Dans sa fleur trop tôt moissonnée[2] !
    Adieu, beau ciel, il faut mourir !

Tu ne reverras plus tes riantes montagnes,
Le temple, le hameau, les champs de Vaucouleurs,
    Et ta chaumière et tes compagnes,
Et ton père expirant sous le poids des douleurs !

Après quelques instants d'un horrible silence,
Tout-à-coup le feu brille, il s'irrite, il s'élance,
Le cœur de la guerrière alors s'est ranimé ;
    A travers les rayons d'une fumée ardente

---

[1] On croyait faussement autrefois que les magiciens avaient le pouvoir de *charmer*, c'est-à-dire de produire des illusions d'après lesquelles on voyait ce qui n'était pas, et de paralyser les facultés naturelles.
[2] Le poète compare la jeunesse de Jeanne Darc à une fleur que le moissonneur coupe avant le temps.

Jeanne, encor menaçante,
Montre aux Anglais son bras à demi consumé.
  Pourquoi reculer d'épouvante ?
  Anglais, son bras est désarmé !
La flamme l'environne et sa voix expirante
Murmure encore : « O France ! ô mon roi bien-aimé ! »

(Casimir Delavigne.)

XXXI

Hommage à la Sainte-Vierge.

Accepte notre hommage et souffre nos louanges ,
  Lis tout céleste en pureté ,
  Rose d'immortelle beauté ,
Vierge, mère de l'homme et maîtresse des anges ,
Tabernacle vivant du Dieu de l'univers ,
Contre le dur assaut [2] de tant de maux divers ,
Donne-nous de la force et prête-nous ton aide ,
  Et jusqu'en ce vallon de pleurs
Fais-en du haut du ciel descendre le remède ,
Toi, qui sais excuser les fautes des pécheurs.
Avant que du Seigneur la sagesse profonde
Sur la terre et les cieux daignât se déployer ,
Avant que du néant sa voix tirât le monde ,
Qu'à ce même néant sa voix doit renvoyer ,
De toute éternité sa prudence adorable
Te destina pour mère à son Verbe ineffable [1] ,
A ses anges pour reine, aux hommes pour appui.

(Corneille.)

[1] La vie est assaillie de mille maux contre lesquels nous protége la mère du Sauveur.
[2] La langue humaine ne peut parler dignement du Verbe de Dieu.

XXXII

Avantages de la modération et du travail.

Apprenez, insensés[1], qui cherchez le plaisir,
Et l'art de le connaître et celui d'en jouir.
Les plaisirs sont des fleurs que notre divin Maître,
Dans les ronces du monde, autour de nous fait naître[2].
Chacun a sa raison, et, par des soins prudents,
On peut en conserver pour l'hiver de ses ans[3];
Mais s'il faut les cueillir, c'est d'une main légère :
On flétrit aisément leur beauté passagère.
Le travail est souvent le père du plaisir[4] :
Je plains l'homme accablé du poids de son loisir ;
Le bonheur est un bien que nous vend[5] la nature,
Il n'est point ici-bas de moissons sans culture.

(VOLTAIRE.)

XXXIII

Bonheur de la vie champêtre.

Heureux qui, loin du bruit, sans projets, sans affaires,
Cultive de ses mains ses champs héréditaires !
La guerre et ses dangers, la mort et ses fureurs,
Les promesses des grands, leurs dédains, leurs faveurs,

---

[1] Ce n'est pas sans raison que le poète appelle insensés les hommes qui ne savent pas se modérer dans les plaisirs.
[2] C'est une image bien gracieuse et bien vraie.
[3] La vieillesse est comparée à l'hiver.
[4] C'est une vérité dont on ne saurait trop se pénétrer.
[5] Le bonheur s'achète par la vertu, par le dévouement.

Ne le troublent jamais et jamais ne l'abusent ;
Mais d'aimables travaux l'occupent et l'amusent.
Il soigne fleurs et fruits, vendanges et moissons,
S'enrichit des présents de toutes les saisons.
Oh! qu'un simple foyer, des pénates[1] tranquilles,
Valent mieux que le luxe et le fracas des villes !
Que servent nos festins avec art apprêtés,
Ces mets si délicats et ces vins si vantés ?
L'orgueil en fit les frais, l'ennui les empoisonne :
J'aime un dîner frugal que la joie assaisonne :
Tout repas est festin quand l'amitié le sert ;
La treille et le verger fournissent le dessert ;
Pour régal, aux bons jours, la fermière voisine
Apporte en un gâteau la fleur de sa farine.
Quel plaisir lorsqu'à table, entre tous ses enfants,
Le père, chaque soir, voit revenir des champs
Ses troupeaux bien repus, sa vache nourricière
Et l'agneau qui bondit à côté de sa mère,
Les bœufs à pas pesants, las et le cou baissé,
Ramenant la charrue et le soc renversé.
De jeunes serviteurs, que son toit a vu naître,
Animent la maison et bénissent leur maître[2] :
Tous ses jours sont pareils, tous ses jours sont sereins,
Et sa porte rustique[3] est fermée aux chagrins.

(ANDRIEUX.)

[1] Chez les anciens païens, les *pénates* étaient les dieux particuliers de la famille. On désigne aujourd'hui par ce nom ce qui constitue le chez soi.

[2] Les bons maîtres forment les bons domestiques, qui s'attachent à leur service.

[3] Rustique ou grossière, comme sont ordinairement les portes des maisons de la campagne.

XXXIV

L'Amitié.

Noble et tendre amitié, je te chante en mes vers.
Du poids de tant de maux semés dans l'univers,
Par tes soins consolants c'est toi qui nous soulages.
Trésor de tous les lieux, bonheur de tous les âges,
Le ciel te fit pour l'homme, et tes charmes touchants
Sont nos derniers plaisirs, sont nos premiers penchants.
Qui de nous, lorsque l'âme, encor naïve et pure,
Commence à s'émouvoir et s'ouvre à la nature,
N'a pas d'abord senti, par un instinct heureux,
Ce besoin enchanteur, ce besoin d'être deux ?
Oui, contre deux amis la fortune est sans armes ;
Ce nom répare tout ; sais-je, grâce à ses charmes,
Si je donne ou j'accepte ? Il efface à jamais
Ce mot de bienfaiteur et ce mot de bienfaits [1].
Un ami ! ce nom seul me charme et me rassure.
C'est avec mon ami que ma raison s'épure,
Que je cherche la paix, des conseils, un appui ;
Je me soutiens, m'éclaire et me calme avec lui.
Dans des piéges trompeurs si ma vertu sommeille,
J'embrasse, en le suivant, sa vertu [2] qui m'éveille.
Dans le champ varié de nos doux entretiens,
Son esprit est à moi, ses trésors sont les miens.
Quelquefois tous les deux nous fuyons au village ;

[1] Entre de vrais amis tout doit être commun et, par conséquent, il ne peut y avoir de bienfait de l'un à l'autre.
[2] La véritable amitié ne saurait avoir d'autre base qu'une vertu éprouvée.

Nous fuyons. Plus de soin, plus d'importune image ;
Mon cœur s'ouvre à la joie, au calme, à l'amitié ,
J'ai revu la nature, et tout est oublié.
Dans nos champs, le matin, deux lis venant d'éclore,
Brillent-ils à nos yeux des larmes de l'aurore ,
Nous disons : « C'est ainsi que nos cœurs rapprochés
L'un vers l'autre, en naissant, se sont d'abord penchés. »
Voyons-nous dans les airs, sur des rochers sauvages,
Deux chênes s'embrasser pour vaincre les orages ,
Nous disons : « C'est ainsi que du destin jaloux ,
L'un sur l'autre appuyés, nous repoussons les coups.
Même sort nous unit, même lieu nous rassemble ,
Avec les mêmes goûts, nous vieillissons ensemble.
Le ciel, qui de si près approcha nos berceaux ,
Ne voudra pas sans doute éloigner nos tombeaux[1]. »

(Ducis.)

XXXV

Image de la vie humaine.

En promenant vos rêveries
Dans le silence des prairies [2],
Vous voyez un faible rameau
Qui, par les jeux du vague Éole[3] ,
Quitte sa tige, tombe, vole

---

[1] Rien n'est plus beau ni plus précieux que l'amitié , telle que nous la représente le poète ; mais rien n'est malheureusement plus rare.

[2] Dans les prairies où règne le silence.

[3] Sous les anciens païens , tous les accidents de la vie et de la nature étaient pris pour des dieux. Ils appelaient Éole le dieu des vents.

Sur la surface d'un ruisseau ;
Là, par une invincible pente ,
Forcé d'errer et de changer ,
Il flotte au gré de l'onde errante
Et d'un mouvement étranger[1] ;
Souvent il paraît, il surnage ,
Souvent il est au fond des eaux ;
Il rencontre sur son passage ,
Tous les jours, des pays nouveaux :
Tantôt un fertile rivage ,
Bordé de coteaux fortunés ,
Tantôt une rive sauvage
Et des déserts abandonnés.
Parmi ces erreurs[2] continues ,
Il fuit, il vogue jusqu'au jour
Qui l'ensevelit, à son tour ,
Au sein de ces mers inconnues ,
Où tout s'abîme sans retour.

(GRESSET.)

XXXVI

Tendresse d'une mère pour son enfant.
(Première éducation.)

Quels tendres soins ! dort-il ; attentive, elle chasse
L'insecte dont le vol ou le bruit le menace ;
Elle semble défendre au réveil d'approcher.

---

[1] D'un mouvement qui ne lui est pas propre, qui est causé par un fait étranger.
[2] Le mot erreur est pris ordinairement au moral et rarement il est employé comme ici dans le sens physique , pour désigner les détours que subit une feuille jetée sur un ruisseau.

La nuit même d'un fils ne peut la détacher ,
Son oreille de l'ombre écoute le silence ,
Ou, si Morphée[1] endort sa tendre vigilance ,
Au moindre bruit rouvrant ses yeux appesantis ,
Elle vole, inquiète, au berceau de son fils ;
Dans le sommeil longtemps le contemple immobile ,
Et rentre dans sa couche, à peine encor tranquille.
S'éveille-t-il ? son sein , à l'instant présenté ,
Dans les flots d'un lait pur lui verse la santé.
Qu'importe la fatigue à sa tendresse extrême ?
Elle vit dans son fils et non plus dans soi-même[2].
Bientôt d'autres bontés suivent d'autres besoins ;
L'enfant, de jour en jour, avance dans la vie ,
Et, comme les aiglons qui, cédant à l'envie
De mesurer les cieux, dans leur premier essor ,
Exercent près du nid leur aile faible encor ,
Doucement soutenu sur ses mains chancelantes ,
Il commence l'essai de ses forces naissantes ;
Sa mère est près de lui : c'est elle dont le bras ,
Dans leur débile effort, aide ses premiers pas ;
Elle suit la lenteur de sa marche timide ;
Elle fut sa nourrice , elle devient son guide.
Elle devient son maître au moment où sa voix
Bégaye à peine un nom qu'il entendit cent fois :
Ma mère ! est le premier qu'elle l'enseigne à dire ,
Elle est son maître encor dès qu'il s'essaye à lire.

(LEGOUVÉ.)

[1] Les anciens païens , qui divinisaient tout, appelaient Morphée
le dieu du sommeil.

[2] D'après les principes rigoureux de la grammaire, il faudrait
dans *elle*-même ; mais le poète a pu dire *soi*-même, pour la régularité des vers.

XXXVII

Bonté de Dieu.

Que le Seigneur est bon ! que son joug[1] est aimable !
Heureux qui, dès l'enfance, en connaît la douceur !
Jeune peuple, courez à ce maître adorable ;
Les biens les plus charmants n'ont rien de comparable
Aux torrents de plaisir qu'il répand dans un cœur.
Que le Seigneur est bon ! que son joug est aimable !
Heureux qui, dès l'enfance, en connaît la douceur !
    Il s'apaise, il pardonne ;
  Du cœur ingrat qui l'abandonne
    Il attend le retour.
  Il excuse notre faiblesse[2],
  A nous chercher même il s'empresse.
  Pour l'enfant qu'elle a mis au jour
  Une mère a moins de tendresse,
Ah ! qui peut avec lui partager notre amour !

(Racine.)

XXXVIII

Priez pour moi !

Dans la solitaire bourgade,
Languissait un pauvre malade
D'un mal qui va le consumant ;

---

[1] Le mot joug a ici le sens de loi.
[2] N'oublions pas, toutefois, que Dieu est aussi essentiellement juste et que, par conséquent, il ne peut pas laisser le mal impuni.

Il disait : « Gens de la chaumière [1],
Voici l'heure de la prière
Et du tintement du beffroi [2] :
Vous qui priez, priez pour moi.

« Quand à la haine, à l'imposture,
J'oppose mes mœurs et le temps,
D'une vie honorable et pure
Le terme approche, je l'attends.
Il fut court, mon pèlerinage [3] !
Je meurs au printemps de mon âge [4] ;
Mais du sort je subis la loi :
Vous qui priez, priez pour moi.

« Ma compagne, ma seule amie,
Digne objet d'un constant amour !
Je t'avais consacré ma vie,
Hélas ! et je ne vis qu'un jour !
Plaignez-la, gens de la chaumière,
Lorsqu'à l'heure de la prière
Elle viendra sous le beffroi
Vous dire aussi : « Priez pour moi [5] ! » »

(MILLEVOYE.)

[1] Chaumière est ici pour maison rustique.
[2] On appelle beffroi la cloche qui sert à divers usages publics, comme l'annonce de la prière.
[3] La vie, si courte, est souvent comparée à un pèlerinage que nous faisons sur la terre.
[4] La jeunesse est comme le printemps de la vie.
[5] Le poète composa ces strophes huit jours avant sa mort qu'il pressentait déjà.

XXXIX

Exhortation à la charité.

Donnez, riches ! l'aumône est sœur de la prière[1],
Hélas ! quand un vieillard sur votre seuil de pierre,
Tout raidi par l'hiver, en vain tombe à genoux ;
Quand les petits enfants, les mains de froid rougies,
Ramassent sous vos pieds les miettes des orgies,
La face du Seigneur se détourne de vous[2].

Donnez, afin que Dieu, qui dote les familles,
Donne à vos fils la force et la grâce à vos filles,
Afin que votre vigne ait toujours un doux fruit,
Afin qu'un blé plus mûr fasse plier vos granges ;
Afin d'être meilleur[3], afin de voir les anges
      Passer dans vos rêves, la nuit !

Donnez ! il vient un jour où la terre nous laisse,
Vos aumônes là-haut vous font une richesse ;
Donnez ! afin qu'on dise : il a pitié de nous !
Afin que l'indigent, que glacent les tempêtes,
Que le pauvre qui souffre à côté de vos fêtes,
Au seuil de vos palais[4] fixe un œil moins jaloux.

[1] Comme par la prière, notre âme s'élève, s'épure en faisant le bien, en soulageant les malheureux.

[2] Dieu abandonne les méchants, et quel malheur plus grand peut arriver à un homme que d'être privé de Dieu ?

[3] Tous nos efforts doivent avoir pour but de nous rendre bons, meilleurs, très bons, parce que c'est le seul moyen de nous rendre heureux.

[4] Le poète s'adresse ici aux personnes opulentes qui habitent des palais ; mais la richesse est relative, et chacun trouve toujours plus malheureux que soi à secourir.

Donnez! pour être aimé de Dieu qui se fit homme ;
Pour que le méchant même en s'inclinant vous nomme,
Pour que votre foyer soit calme et fraternel ;
Donnez! afin qu'un jour, à votre heure dernière ,
Contre tous vos péchés vous ayez la prière
  D'un mendiant, puissant au ciel[1] !

(V. HUGO.)

XL

Preuves physiques de l'existence de Dieu.

Oui, c'est un Dieu caché que le Dieu qu'il faut croire.
Mais, tout caché qu'il est, pour révéler sa gloire ,
Quels témoins éclatants devant moi rassemblés !
Répondez, cieux et mer, et vous, terre, parlez !
Quel bras peut vous suspendre, innombrables étoiles !
Nuit brillante, dis-nous qui t'a donné tes voiles !
O cieux ! que de grandeur et quelle majesté !
J'y reconnais un maître à qui rien n'a coûté ,
Et qui dans vos déserts a semé la lumière ,
Ainsi que dans nos champs il sème la poussière.
Toi qu'annonce l'aurore, admirable flambeau ,
Astre toujours le même, astre toujours nouveau ,
Par quel ordre, ô soleil ! viens-tu du sein de l'onde[2]
Nous rendre les rayons de ta clarté profonde ?
Tous les jours je t'attends, tu reviens tous les jours.
Est-ce moi qui t'appelle et qui règle ton cours ?

[1] Heureux les pauvres, a dit le Sauveur, parce que le royaume du ciel leur appartient.

[2] Avant qu'on eût fait le tour de la terre, on croyait que le soleil se couchait dans la mer, d'où il se levait le matin.

Et toi, dont le courroux veut engloutir la terre,
Mer terrible, en ton lit quelle main te resserre ?
Pour forcer ta prison tu fais de vains efforts ;
La rage de tes flots expire sur tes bords.
Fais sentir ta vengeance à ceux dont l'avarice [1]
Sur ton perfide sein va chercher son supplice.
Hélas ! prêts à périr, t'adressent-ils leurs vœux ?
Ils regardent le ciel, secours des malheureux ;
La nature, qui parle en ce péril extrême,
Leur fait lever les mains vers l'asile suprême [2] ;
Hommage que toujours rend un cœur effrayé
Au Dieu que jusqu'alors il avait oublié !

(L. RACINE.)

XLI

Adieux d'une mère à ses enfants.

Dans ces prés fleuris [3]
Qu'arrose la Seine,
Cherchez qui vous mène,
Mes chères brebis ;
J'ai fait, pour vous rendre
Le destin [4] plus doux,
Ce qu'on peut attendre

[1] Le poète taxe d'avarice les commerçants qui, dans l'espoir du gain, s'exposent sur la mer, laquelle semble se venger et les trahir en les engloutissant dans ses flots.
[2] L'asile suprême est le sein du Dieu protecteur.
[3] Le poète, sous le voile d'une allégorie, parle à ses enfants comme si c'était une bergère qui s'adressât à son troupeau.
[4] C'est-à-dire, la destinée, l'existence.

D'une amitié tendre ;
Mais son long courroux [1]
Détruit, empoisonne
Tous mes soins pour vous
Et vous abandonne
Aux fureurs des loups.
Seriez-vous leur proie,
Aimable troupeau !
Vous, de ce hameau
L'honneur et la joie ;
Vous qui, gras et beau,
Me donniez sans cesse,
Sur l'herbette épaisse,
Un plaisir nouveau !
Que je vous regrette !
Mais il faut céder ;
Sans chien, sans houlette [2],
Puis-je vous garder ?
L'injuste fortune
Me les a ravis.
En vain j'importune
Le ciel par mes cris ;
Il rit de mes craintes,
Et, sourd à mes plaintes,
Houlette ni chien,
Il ne me rend rien.
Puissiez-vous, contentes
Et sans mon secours,

[1] Mme Deshoulières avait éprouvé de grands malheurs.
[2] L'auteur désigne par ces mots son mari et ses protecteurs, qu'elle avait perdus.

Passer d'heureux jours ,
Brebis innocentes ,
Brebis, mes amours !
Que Pan[1] vous défende ;
Hélas ! il le sait ,
Je ne lui demande
Que ce seul bienfait.

(Mme DESHOULIÈRES.)

XLII

Le Pélican, ou l'amour paternel.

Rien ne nous rend si grand qu'une grande douleur.
Lorsque le pélican[2], lassé d'un long voyage ,
Dans les brouillards du soir , retourne à ses roseaux[3] ,
Ses petits affamés courent sur le rivage ,
En le voyant au loin s'abattre sur les eaux.
Déjà, croyant saisir et partager leur proie ,
Ils courent à leur père, avec des cris de joie ,
En secouant leurs becs sur leurs goîtres[4] hideux.

[1] Les anciens païens appelaient Pan le dieu des bergers. Mais
Mme Deshoulières désigne par ce nom le roi Louis XIV, qu'elle
implora en faveur de ses enfants.

[2] Le pélican est un grand oiseau, vivant sur les bords de la
mer, et qui porte au-dessous de son bec une grande poche, où il
peut faire une provision des poissons dont il se nourrit. Pour ali-
menter ses petits, il retire de son estomac ce qu'il a mangé, et l'on
a dit qu'il allait jusqu'à se déchirer les entrailles : c'est pour cela
qu'on en a fait le symbole de l'amour paternel et de la providence.

[3] Les pélicans placent leurs nids dans les roseaux ou dans les
joncs.

[4] La poche des pélicans ressemble à un énorme goître, qui est
une difformité maladive.

Lui, gagnant à pas lents une roche élevée ,
De son aile pendante abritant sa couvée ,
Pêcheur mélancolique, il regarde les cieux.
Le sang coule à longs flots de sa poitrine ouverte ;
En vain il a des mers fouillé les profondeurs ,
L'Océan était vide[1] et la plage déserte ;
Pour toute nourriture il leur offre son cœur[2] !
Sombre et silencieux, étendu sur la pierre ,
Partageant à ses fils ses entrailles de père ,
Dans son amour sublime il berce sa douleur.

(A. DE MUSSET.)

XLIII
Plaisirs de l'étude.

. . . .
Oui, l'homme, dont l'étude eut d'abord les amours ,
De son premier penchant se ressouvenait toujours.
Soyez bénis cent fois, lieux où notre jeune âge ,
Tendre et docile encore, en fit l'apprentissage ;
Où , dans un calme heureux, d'aimables compagnons,
L'un par l'autre excités, s'en donnent des leçons ;
Où l'âme en sa fraîcheur en sent partout l'empire ,
Où c'est l'étude enfin qu'avec l'air on respire !
Je me rappelle encor, non sans ravissement ,
La classe, son travail , son silence charmant ;
Je tressaille , en songeant aux paisibles soirées ,
Sous les regards du maître, au devoir consacrées ,

---

[1] C'est-à-dire , était sans poissons dans les endroits où il a plongé pour chercher la nourriture de ses petits.
[2] C'est là le sublime dévouement de l'amour paternel.

Quand, devant le pupitre, en silence inclinés,
Nous n'entendions parfois, de nous-même étonnés,
Que d'instant en instant quelques pages froissées,
Ou l'insensible bruit des plumes empressées,
Qui, toutes à l'envi courant sur le papier,
De leur léger murmure enchantent l'écolier.
O jeunesse! ô plaisirs! jours passés comme un songe !
Du moins, ces temps heureux, l'étude les prolonge.
Elle laisse en nos cœurs cette première paix
Que les autres plaisirs ne prolongent jamais.
Celui qui dans l'étude a mis sa jouissance
Garde en pureté ses mœurs, son innocence ;
Le miroir de sa vie est riant à ses yeux ;
Les jours ne sont pour lui que des moments heureux,
Sans ennui, sans langueur, sans tristesse importune.
Il n'adressera point ses vœux à la fortune ;
Hélas ! que pourrait-il lui demander encor ?
Il porte dans son cœur sa gloire et son trésor.
Pauvre, libre, content, sans soins et sans envie,
Dans un lieu de son choix il jouit de sa vie,
Et quand le terme vient, il passe sans effort
Du calme de l'étude au repos de la mort.

(P. Lebrun.)

XLIV

Le petit Enfant.

Pour le bon Dieu que puis-je faire ?
Je suis si petit, si petit !
Voici ce que mon cœur me dit :
J'aimerai bien ma bonne mère !
Je puis l'aimer, quoique petit.

Pour Dieu que puis-je faire encore ?
Puisque c'est Dieu qui nous bénit ,
Je prierai bien, près de mon lit ,
Ce bon Dieu que ma mère adore :
On peut prier, quoique petit.

Et puis-je faire davantage ?
A l'école où l'on me conduit
Je m'efforcerai d'être sage :
On peut l'être, quoique petit.

Et quoi d'autre enfin ? Si ma mère
Me réprimande ou m'avertit ,
J'y veillerai , quoique petit ,
Pour corriger mon caractère :
C'est comme cela qu'on grandit[1].

(TOURNIER.)

XLV

L'Écolier.

Un tout petit enfant s'en allait à l'école.
On avait dit : Allez ! il tâchait d'obéir ,
Mais son livre était lourd ; il ne pouvait courir ,
Il pleure et suit des yeux une abeille qui vole.
« Abeille, lui dit-il, voulez-vous me parler ?
Moi, je vais à l'école ; il faut apprendre à lire.
Mais le maître est tout noir, et je n'ose pas rire.

---

[1] Faire grandir les enfants par le développement harmonieux de leurs forces physiques, intellectuelles et morales, tel est le but que doivent incessamment poursuivre les personnes à qui est échue la sainte mission d'*élever* l'enfance.

Voulez-vous rire, abeille, et m'apprendre à voler ?
— Non, dit-elle, j'arrive et je suis très pressée.
J'avais froid, l'aquilon m'a longtemps oppressée[1].
Enfin j'ai vu les fleurs ; je redescends du ciel[2],
Et je vais commencer mon doux rayon de miel.
Vite, vite à la ruche ! on ne rit pas toujours,
C'est pour faire le miel qu'on nous rend les beaux jours. »
Elle fuit et se perd sur la route embaumée...
Une hirondelle passe ; elle effleure la joue
Du petit nonchalant qui s'attriste et qui joue.
« Oh ! bonjour, dit l'enfant qui se souvenait d'elle ;
Je t'ai vue à l'automne ; oh ! bonjour, hirondelle,
Viens ; tu portais bonheur[3] à ma maison, et moi,
Je voudrais du bonheur ; veux-tu m'en donner, toi ?
Jouons ! — Je le voudrais, répond la voyageuse,
Car je respire à peine et je me sens joyeuse ;
Mais j'ai beaucoup d'amis[4] qui doutent du printemps.
Ils rêveraient[5] ma mort si je tardais longtemps.
Oh ! je ne puis jouer. Pour finir leur souffrance,
J'emporte un brin de mousse en signe d'espérance.
Ainsi que nous, enfant, la vie est passagère ;
Il faut en profiter. Je me sauve, à demain. »
L'enfant reste muet et, la tête baissée,
Rêve et compte ses pas pour tromper son ennui,

---

[1] M'a fait souffrir.
[2] Je suis heureuse comme si je venais du ciel.
[3] Il n'est pas une personne quelque peu éclairée qui croit aujourd'hui à l'influence que les ignorants attribuaient autrefois à divers animaux.
[4] L'hirondelle est un oiseau qu'on aime à voir, et dont le retour, après l'hiver, annonce naturellement les beaux jours, puisqu'elle se nourrit de moucherons qui ne vivent pas dans l'air froid.
[5] Ils croiraient que je suis morte.

Quand le livre importun dont sa main est lassée
Rompt ses fragiles nœuds et tombe auprès de lui.
Un dogue l'observait du seuil de sa demeure.
Stentor, gardien sévère et prudent à la fois,
De peur de l'effrayer retient sa grosse voix.
Hélas ! peut-on crier contre un enfant qui pleure ?
« Bon dogue, voulez-vous que je m'approche un peu ?
Dit l'écolier plaintif ; je n'aime pas mon livre.
Voyez, ma main est rouge, il en est cause. Au jeu
Rien ne fatigue, on rit, et moi je voudrais vivre
Sans aller à l'école où l'on tremble toujours,
Je m'en plains tous les soirs et j'y vais tous les jours.
J'en suis très mécontent, je n'aime aucune affaire ;
Le sort d'un chien me plaît, car il n'a rien à faire.
— Écolier, voyez-vous ce laboureur aux champs ?
Eh bien ! ce laboureur, dit Stentor, c'est mon maître,
Il est très vigilant, je le suis plus peut-être ;
Il dort la nuit et moi j'écarte les méchants.
J'éveille aussi ce bœuf qui, d'un pas lent, mais ferme,
Va creuser les sillons quand je garde la ferme.
Pour vous-même on travaille et, grâce à nos brebis,
Votre mère en chantant vous file des habits.
Par le travail tout plaît, tout s'unit, tout s'arrange.
Allez donc à l'école, allez, mon petit ange.
Les chiens ne lisent pas, mais la chaîne est pour eux ;
L'ignorance toujours mène à la servitude.   [l'étude.]
L'homme est fin..., l'homme est sage, il nous défend
Enfant, vous serez homme et vous serez heureux.
Les chiens vous serviront. » L'enfant l'écouta dire
Et même il l'embrassa. Son livre était moins lourd ;
En quittant le bon dogue, il pense, il marche, il court ;

L'espoir d'être homme[1] un jour lui ramène un sourire.
A l'école un peu tard il arrive gaîment,
Et dans le mois des fruits il lisait couramment.

(Mme DESBORDES-VALMORE.)

XLVI
La Grenouille et le Bœuf.

Une grenouille vit un bœuf
    Qui lui sembla de belle taille.
Elle, qui n'était pas grosse en tout comme un œuf,
Envieuse[2], s'étend, et s'enfle, et se travaille
    Pour égaler l'animal en grosseur,
      Disant : « Regardez bien, ma sœur[3],
Est-ce assez? dites-moi; n'y suis-je point encore? [voilà?]
— Nenni. — M'y voici donc! — Point du tout. — M'y
— Vous n'en approchez point. » La chétive pécore[4]
    S'enfla si bien qu'elle creva.

Le monde est plein de gens qui ne sont pas plus sages :
Tout bourgeois veut bâtir comme les grands seigneurs,
    Tout petit prince a des ambassadeurs[5],
      Tout marquis veut avoir des pages[6].

(LA FONTAINE.)

[1] C'est par la science et la vertu que l'homme se distingue des autres créatures.

[2] L'envie est un vice bien commun et très funeste. Évitons de nous comparer à ceux qui sont au-dessus de nous, si ce n'est pour mieux faire.

[3] La grenouille désigne par ce mot ses compagnes, qui la regardaient faire.

[4] On appelle familièrement pécore une personne sotte.

[5] Les souverains entretiennent à grands frais des ambassadeurs dans les cours étrangères; les petits princes ne peuvent pas suffire à cette dépense.

[6] Les pages sont de jeunes seigneurs qui servent chez les grands princes.

XLVII

Le Lion et le Rat.

Il faut, autant qu'on peut, obliger tout le monde :
On a souvent besoin d'un plus petit que soi[1].
De cette vérité deux fables feront foi,
    Tant la chose en preuves abonde.
    Entre les pattes d'un lion,
Un rat sortit de terre, assez à l'étourdie.
Le roi des animaux[2], en cette occasion,
Montra ce qu'il était[3] et lui donna la vie.
    Ce bienfait ne fut pas perdu.
    Quelqu'un aurait-il jamais cru
    Qu'un lion d'un rat eût affaire ?
Cependant il advint qu'au sortir des forêts
    Ce lion fut pris dans des rets[4],
Dont ses rugissements ne purent le défaire.
Sire rat accourut et fit tant, par ses dents,
Qu'une maille rongée emporta tout l'ouvrage.

    Patience et longueur de temps
    Font plus que force ni que rage[5].

              (LA FONTAINE.)

---

[1] Ces deux premiers vers sont souvent cités comme maxime, comme exprimant des pensées qui trouvent de fréquentes applications.

[2] Le lion est appelé roi des animaux, à cause de sa force et de son courage.

[3] C'est-à-dire, sa magnanimité, comme il convient à un roi.

[4] Les rets sont des filets qui servent à prendre des animaux.

[5] C'est encore un proverbe souvent cité.

XLVIII

La Colombe et la Fourmi.

L'autre exemple est tiré d'animaux plus petits[1].
Le long d'un clair ruisseau buvait une colombe,
Quand, sur l'eau se penchant, une fourmis[2] y tombe,
Et dans cet océan[3] on eût vu la fourmis
S'efforcer, mais en vain, de regagner la rive.
La colombe aussitôt usa de charité :
Un brin d'herbe dans l'eau par elle étant jeté,
Ce fut un promontoire où la fourmis arrive ;
    Elle se sauve. Et là-dessus
Passe un certain croquant[4] qui marchait les pieds nus ;
Ce croquant, par hasard, avait une arbalète.
    Dès qu'il voit l'oiseau de Vénus[5],
Il le croit en son pot et déjà lui fait fête.
Tandis qu'à le tuer mon villageois s'apprête,
    La fourmis le pique au talon.
    Le vilain[6] retourne la tête ;
La colombe l'entend, part et tire de long.
Le souper du croquant avec elle s'envole ;
    Point de pigeon pour une obole[7].

(LA FONTAINE.)

[1] L'autre exemple, qui prouve, comme celui de la fable précédente, qu'il faut obliger tout le monde.
[2] Autrefois on écrivait fourmi avec un s qu'on a supprimé.
[3] Pour une fourmi, un bassin plein d'eau est comme un grand océan.
[4] Terme de mépris qui désigne un homme de rien.
[5] Les païens avaient consacré les colombes à la déesse Vénus.
[6] Autrefois on appelait ainsi les personnes qui n'étaient pas nobles.
[7] L'obole est une petite pièce de monnaie ancienne.

XLIX
Le premier jour de l'année.

Toi qui de notre destinée
Tiens tous les secrets en ta main,
Seigneur, d'une nouvelle année
Tu nous viens d'ouvrir le chemin.

Ta volonté sainte est couverte
De mystère et d'ombre à nos yeux ;
Mais ton oreille reste ouverte
A nos prières, à nos vœux !

O Dieu, qui fais les jours prospères,
Les maisons heureuses, répands
Tes saintes faveurs sur les pères,
A la prière des enfants !

Adoucis, épargne à nos mères
Les pleurs, les chagrins, les ennuïs !
Garde-nous ces fronts tutélaires[1],
Garde-nous ces êtres bénis !

Aux maîtres de notre jeunesse,
Rends-leur[2] en bénédictions
Tous les conseils de leur sagesse,
Tous les bienfaits de leurs leçons !

Pour nous, redresse notre voie[3],
Fais-nous sages à notre tour,

[1] Nos parents, qui nous protégent.
[2] Régulièrement le mot *leur* devrait être supprimé.
[3] Si nous suivons la voie tortueuse du mal, mets-nous dans le droit chemin de la vertu.

Pour qu'en nous ils mettent leur joie
Comme nous en eux notre amour.

(TOURNIER.)

L

Le Maître et l'Écolier.

« Qu'il fait sombre dans cette classe !
Rien qu'un mur gris, un tableau noir,
Et puis toujours la même place,
Et toujours le même devoir !
Toujours, toujours ce même livre,
Et toujours ce même cahier !
Peut-on appeler cela vivre ?
Moi, je l'appelle s'ennuyer ! »
Ainsi parlait, dans son école,
Un petit écolier mutin.
Le maître alors prit la parole
Et lui dit : « Quoi ! chaque matin,
Toujours de cette même chaire
Répéter la même leçon !
Enseigner la même grammaire
A ce même petit garçon,
Qui reste toujours, quoi qu'on fasse,
Ignorant, distrait, paresseux !
Lequel devrait, dans cette classe,
S'ennuyer le plus de nous deux ?
Tu le vois, l'élève et le maître
Ont chacun son joug à charger.
Mon enfant ! mais veux-tu connaître
Le vrai moyen de l'alléger ?

Accepte-le du Seigneur même,
En le portant pour le servir ;
Aime ton maître comme il t'aime :
Tout le secret est d'obéir [1]. »

(TOURNIER.)

LI

L'Ange gardien.

Tout mortel a le sien : cet ange protecteur [2],
Cet invisible ami veille autour de son cœur,
L'inspire, le conduit, le relève s'il tombe ;
Le reçoit au berceau, l'accompagne à la tombe,
Et, portant dans les cieux son âme entre ses mains,
La présente en tremblant au juge des humains.

(LAMARTINE.)

LII

Invocation à Dieu.

O Christ ! notre unique lumière,
Nous ne reconnaissons que tes saintes clartés ;
Notre esprit t'est soumis : entends notre prière
Et sous ton divin joug range nos volontés.

---

[1] Dans notre égoïsme, nous ne voyons trop souvent que nous-mêmes et nous sommes mécontents de notre sort. Pour être sages et conséquemment heureux, il faut considérer ceux qui nous entourent pour voir leurs peines ; il faut, avant tout, se soumettre aux lois de la raison et de la justice.

[2] Rien n'est plus gracieux et plus fécond que de penser qu'un ange veille constamment sur nous et se trouve le témoin de toutes nos actions et même de tous nos sentiments.

Affermis l'âme qui chancelle[1] ;
Fais que, levant au ciel nos innocentes mains,
Nous chantions dignement et ta gloire immortelle
Et les biens dont ta grâce a comblé les humains.

(RACINE.)

LIII

La feuille, image de la vie.

« De ta tige détachée,
Pauvre feuille desséchée,
Où vas-tu ? — Je n'en sais rien ;
L'orage a brisé le chêne
Qui seul était mon soutien.
De son inconstante haleine
Le zéphir ou l'aquilon,
Depuis ce jour, me promène
De la forêt à la plaine,
De la montagne au vallon.
Je vais où le vent me mène,
Sans me plaindre ou m'effrayer ;
Je vais où va toute chose,
Où va la feuille de rose
Et la feuille de laurier[2]. »

(ARNAULT.)

---

[1] On dit qu'une âme chancelle quand elle ne suit pas avec fermeté la voie du bien.

[2] La rose est le symbole de la beauté, du plaisir ; le laurier est le signe de la gloire, des triomphes qui ne préservent pas de la mort.

Sous l'image d'une feuille agitée par le vent, le poète a voulu représenter la vie, que les passions tourmentent jusqu'à ce que la mort y mette fin.

LIV

Immortalité de l'âme.

Oui, j'espère, Seigneur, en ta magnificence ;
Partout, à pleines mains, prodiguant l'existence,
Tu n'auras pas borné le nombre de mes jours
A ces jours d'ici-bas, si troublés et si courts.
Je te vois en tous lieux conserver et produire ;
Celui qui peut créer dédaigne de détruire.
Témoin de ta puissance et sûr de ta bonté,
J'attends le jour sans fin de l'immortalité.
La mort m'entoure en vain de ses ombres funèbres,
Ma raison voit le jour à travers ces ténèbres [1] ;
C'est le dernier degré qui m'approche de toi,
C'est le voile qui tombe entre ta face et moi.
Hâte pour moi, Seigneur, ce moment que j'implore,
Ou si dans tes secrets tu le retiens encore,
Entends du haut du ciel le cri de mes besoins ;
L'atome [2] et l'univers sont l'objet de tes soins.
Des dons de ta bonté soutiens mon indigence,
Nourris mon corps de pain, mon âme d'espérance.

(LAMARTINE.)

LV

Le Grillon.

Un pauvre petit grillon,
Caché dans l'herbe fleurie,

[1] Les preuves de l'immortalité de l'âme sont nombreuses et péremptoires. Ce sont les passions qui souvent obscurcissent cette vérité dans les esprits.

[2] On entend par atome ce que l'imagination se représente de plus petit.

Regardait un papillon
Voltiger dans la prairie.
L'insecte ailé brillait des plus vives couleurs ;
L'azur, la pourpre et l'or éclataient sur ses ailes ;
Jeune, beau, petit-maître [1], il court de fleurs en fleurs,
Prenant et quittant les plus belles.
« Ah ! disait le grillon, que son sort et le mien
Sont différents ! Dame [2] nature
Pour lui fit tout et pour moi rien.
Je n'ai point de talent, encor moins de figure ;
Nul ne prend garde à moi, l'on m'ignore ici-bas ;
Autant vaudrait n'exister pas. »
Comme il parlait, dans la prairie
Arrive une troupe d'enfants.
Aussitôt les voilà courants [3]
Après ce papillon dont ils ont tous envie.
Chapeaux, mouchoirs, bonnets, servent à l'attraper.
L'insecte vainement cherche à leur échapper,
Il devient bientôt leur conquête.
L'un le saisit par l'aile, un autre par le corps,
Un troisième survient et le prend par la tête :
Il ne fallait pas tant d'efforts
Pour déchirer la pauvre bête.
« Oh ! oh ! dit le grillon, je ne suis plus fâché ;
Il en coûte trop cher pour briller dans le monde.

[1] On appelle petit-maître un jeune homme élégant qui se donne des airs prétentieux.

[2] Le poète personnifie la nature, comme les arbres et les animaux.

[3] Régulièrement il ne faut pas d's au participe *courant ;* mais on l'admet comme licence poétique.

Combien je vais aimer ma retraite profonde !
Pour vivre heureux, vivons caché[1]. »

(FLORIAN.)

LVI

Le Calife[2].

Autrefois, dans Bagdad[3], le calife Almamon
Fit bâtir un palais plus beau, plus magnifique
Que ne le fut jamais celui de Salomon[4].
Cent colonnes d'albâtre[5] en formaient le portique ;
L'or, le jaspe[6], l'azur, décoraient le parvis ;
Dans les appartements embellis de sculpture,
Sous des lambris de cèdre[7] on voyait réunis
Et les trésors du luxe et ceux de la nature,
Les fleurs, les diamants, les parfums, la verdure,
Les myrtes odorants, les chefs-d'œuvre de l'art,
    Et les fontaines jaillissantes
    Roulant leurs ondes bondissantes
    A côté des lits de brocart[8].
Près de ce beau palais, juste devant l'entrée,
Une étroite chaumière, antique et délabrée,
D'un pauvre tisserand était l'humble réduit.

---

[1] Excellente maxime qu'on ne devrait jamais oublier.
[2] Les califes étaient les chefs de la religion musulmane, propagée par Mahomet.
[3] Ancienne ville d'Asie.
[4] Salomon, fils de David, est le troisième roi des Juifs.
[5] L'albâtre est une pierre très blanche et d'un grain très fin.
[6] Pierre précieuse.
[7] Le cèdre est un grand arbre dont le bois est précieux pour les constructions.
[8] On appelle brocart une étoffe tissue d'or ou d'argent.

Là, content du petit produit
D'un grand travail, sans dette et sans soucis pénibles,
Le bon vieillard, libre, oublié,
Coulait des jours doux et paisibles,
Point envieux, point envié.
J'ai déjà dit que sa retraite
Masquait le devant du palais;
Le visir[1] veut d'abord, sans forme de procès,
Qu'on abatte la maisonnette;
Mais le calife veut que d'abord on l'achète.
Il fallut obéir : on va chez l'ouvrier,
On lui porte de l'or. « Non, gardez votre somme,
Répond doucement le pauvre homme;
Je n'ai besoin de rien avec mon atelier;
Et, quant à ma maison, je ne puis m'en défaire,
C'est là que je suis né, c'est là qu'est mort mon père;
Je prétends y mourir aussi.
Le calife, s'il veut, peut me chasser d'ici,
Il peut détruire ma chaumière[2];
Mais, s'il le fait, il me verra
Venir, chaque matin, sur la dernière pierre
M'asseoir et pleurer ma misère.
Je connais Almamon, son cœur en gémira. »
Cet insolent discours[3] excita la colère
Du visir, qui voulait punir ce téméraire

[1] Le mot visir veut dire ministre.
[2] En Asie, les souverains ont une puissance absolue sur les personnes et sur les biens de tous. En France, tout est réglé par des lois auxquelles nul ne peut se soustraire.
[3] Ce discours était fort raisonnable; mais le visir le qualifiait d'insolent.

Et sur-le-champ raser sa chétive maison.
  Mais le calife lui dit : « Non ,
J'ordonne qu'à mes frais elle soit réparée ;
  Ma gloire tient à sa durée.
Je veux que nos neveux, en la considérant ,
 Y trouvent de mon règne un monument auguste ;
En voyant le palais, ils diront : il fut grand ;
En voyant la chaumière, ils diront : il fut juste. »

(Florian.)

LVII

Bonheur de la vie champêtre.

Ah ! loin des fiers combats, loin d'un luxe imposteur [1],
Heureux l'homme des champs s'il connaît son bonheur !
Fidèle à ses besoins, à ses travaux docile ,
La terre lui fournit un aliment facile.
C'est dans les champs qu'on trouve une mâle jeunesse ;
C'est là qu'on sert les dieux [2], qu'on chérit la vieillesse ;
La justice, fuyant nos coupables climats ,
Sous le chaume innocent porta ses derniers pas [3].
Le laboureur en paix coule des jours prospères ;
Il cultive le champ que cultivaient ses pères :
Ce champ nourrit l'État [4], ses enfants, ses troupeaux ,
Et ses bœufs, compagnons de ses heureux travaux.

[1] Le luxe est dit imposteur parce qu'il trompe sur la nature du vrai bonheur, qu'il ne donne pas.

[2] Le pluriel *dieux* est mis ici pour le singulier , comme il est permis de le faire en poésie.

[3] La justice est personnifiée pour donner plus de force à la pensée.

[4] L'agriculture est la principale ressource des États.

Ainsi que les saisons, sa richesse varie[1] ;
Ses agneaux au printemps peuplent la bergerie ;
L'été remplit sa grange, affaisse ses greniers ;
L'automne d'un doux poids fait gémir ses paniers,
Et les derniers soleils, sur les côtes vineuses,
Achèvent de mûrir les grappes paresseuses.

(DELILLE.)

LVIII

État du monde avant et après la faute d'Adam.

Hélas ! avant ce jour qui perdit ses neveux[2],
Tous les plaisirs couraient au-devant de ses vœux :
La faim aux animaux ne faisait pas la guerre ;
Le blé, pour se donner, sans peine ouvrant la terre,
N'attendait point qu'un bœuf, pressé de l'aiguillon,
Traçât à pas tardifs un pénible sillon.
La vigne offrait partout des grappes toujours pleines,
Et des ruisseaux de lait serpentaient dans les plaines.
Mais dès ce jour Adam, déchu de son état,
D'un tribut de douleur paya son attentat[3] :
Il fallut qu'au travail son corps rendu docile
Forçât la terre avare à devenir fertile.
Le chardon importun hérissa les guérets ;
Le serpent venimeux rampa dans les forêts,

---

[1] Cette richesse, cette prospérité, cette paix qu'on trouve aux champs, sont bien rares à la ville.
[2] Tous ses descendants.
[3] Il en est ainsi de tous ; car il arrive bien rarement qu'on ne porte pas, même dans cette vie, la peine des fautes qu'on a commises.

La canicule[1] en feu désola les campagnes,
L'aquilon en fureur gronda sur les montagnes.
Alors, pour se couvrir, durant l'âpre saison,
Il fallut aux brebis dérober leur toison.
La peste, en même temps, la guerre et la famine,
Des malheureux humains jurèrent la ruine.

(Boileau.)

LIX

Comment l'homme peut s'assurer le bonheur.

Veux-tu faire un essai du paradis en terre ?
Veux-tu te rendre heureux avant que de mourir ?
Prends, pour l'amour de Dieu, prends plaisir à souffrir,
Prends goût à tous ces maux qui te livrent la guerre.
Affermissons nos cœurs dans cette vérité,
Que l'amas des vrais biens, l'heureuse éternité
Ne se peut acquérir qu'à force de souffrances,
Que les afflictions sont les portes des cieux,
Qu'aux travaux Dieu mesure enfin les récompenses
Et donne la plus haute à qui souffre le mieux[2].

Tu t'abuses, pécheur, si ton âme charmée
Cherche autre chose ici que tribulations :
Elle n'y peut trouver que des afflictions,
Que des croix dont la vie est toute parsemée.

[1] C'est le nom de l'étoile la plus brillante du ciel. Les plus grandes chaleurs ont lieu vers l'époque où le lever de cette étoile correspond avec celui du soleil.

[2] La religion et la raison nous enseignent également cette grande doctrine de la souffrance volontaire, comme moyen d'élévation.

Mais à peine ces croix se portent sans regret
Que Dieu, par un secours et solide et secret,
Tourne notre amertume en douce confiance ;
Et plus ce triste corps est sous elle abattu,
Plus, par la grâce [1], unie à tant de patience,
L'esprit fortifié s'élève à la vertu.

(CORNEILLE.)

LX

Du devoir et du bonheur d'aimer Dieu.

Vous qui ne connaissez qu'une crainte servile [2],
Ingrats [3], un Dieu si bon ne peut-il vous charmer ?
Est-il donc à vos cœurs, est-il si difficile
    Et si pénible de l'aimer ?
    L'esclave craint le tyran qui l'outrage ;
    Mais des enfants l'amour est le partage ;
Vous voulez que ce Dieu vous comble de bienfaits,
    Et [4] ne l'aimer jamais !
    O divine, ô charmante loi !
    O justice, ô bonté suprême !
Que de raisons, quelle douceur extrême
D'engager à ce Dieu son amour et sa foi !

(RACINE.)

---

[1] Le mot *grâce* signifie ici le secours qui nous vient de Dieu.

[2] Les hommes craignent Dieu comme les esclaves redoutent un maître cruel, au lieu de l'aimer comme des enfants chérissent leur père.

[3] Dieu est si bon qu'il y a de l'ingratitude à ne pas l'aimer.

[4] Régulièrement il faudrait : et *vous ne voulez* l'aimer jamais.

LXI

Notre bonheur dépend de nous-mêmes.

M. DE PLINVILLE.

Soyons de bonne foi, trop souvent la souffrance
Est la suite et le fruit de notre intempérance[1].
La nature nous a prodigué tous ses dons ;
Nous abusons de tout, et puis nous nous plaignons !

M. DE MORINVAL.

Vous pourriez, en ce point, avoir raison peut-être.
Mais qu'on a droit d'ailleurs de se plaindre ! Est-on
Par exemple, d'avoir de la fortune ?   [maître,]

M. DE PLINVILLE.

Non ;
Mais le pauvre, content de sa condition,
Est heureux comme nous. Allez, le ciel est juste,
Et l'ouvrier actif, le paysan robuste,
Ont aussi leurs plaisirs, plaisirs purs, naturels.

M. DE MORINVAL.

Vous ne croyez donc pas qu'il soit des maux réels ?

M. DE PLINVILLE.

Très peu.

M. DE MORINVAL.

Nos passions, ennemies domestiques,
Ne sont donc, selon vous, que des maux chimériques ?

---

[1] On devrait bien ne pas oublier cette vérité incontestable.
Intempérance est pris ici dans le sens le plus large, opposé
sagesse et raison.

M. DE PLINVILLE.

Ah ! fort bien, vous nommez les passions des maux !
Sans elles nous serions au rang des animaux.
Il faut des passions, il nous en faut, vous dis-je ;
Et ce sont de vrais biens, pourvu qu'on les dirige [1].
Calmez donc votre bile et croyez qu'en un mot
L'homme n'est ni méchant, ni malheureux, ni sot [2].

M. DE MORINVAL.

Ne comptez-vous pour rien l'avarice sordide,
L'ambition, l'envie et la haine perfide ?
Vous qui peignez si bien toutes choses en beau,
Je vous défie ici d'égayer le tableau.

M. DE PLINVILLE.

Oui, ces noms sont affreux, mais les choses sont rares.
Au siècle où nous vivons, il est fort peu d'avares ;
D'envieux, Dieu merci ! je n'en connais pas un ;
La haine enfin n'est pas un vice très commun:
L'ambition, peut-être, est un peu plus commune ;
Mais soit qu'elle ait pour but les honneurs, la fortune,
C'est un beau mouvement qui n'est pas défendu ;
Souvent, loin d'être un vice, elle est une vertu.
Chaque chose a son temps. L'enfance est consacrée
Aux doux jeux ; la jeunesse à l'étude est livrée,
Et l'âge mûr aux soins d'établir sa maison.
Croyez-moi, le bonheur est de toute saison.

---

[1] Il est très vrai que les passions ne sont pas mauvaises en elles-mêmes, puisqu'elles nous viennent de la nature, c'est-à-dire de Dieu. Il s'agit de les dominer, de les gouverner, comme on peut toujours le faire, si on le veut avec fermeté.

[2] C'est par l'éducation, généralement si défectueuse, si négligée dans les familles, que les passions prennent la mauvaise direction qui fait le malheur des personnes et de la société.

M. DE MORINVAL.

Vous allez voir qu'il est aussi dans la vieillesse !

M. DE PLINVILLE.

Sans doute, Morinval; ainsi que la jeunesse,
A le bien prendre, elle a ses innocents plaisirs :
C'est l'âge du repos, celui des souvenirs.
J'aime à voir d'un vieillard la vénérable marche,
Les cheveux blancs; je crois revoir un patriarche [1].
Il guide la jeunesse, il en est respecté ;
Il raconte une histoire et se voit écouté.

M. DE MORINVAL.

Et tout cela finit...

M. DE PLINVILLE.

Mais... par la dernière heure.
Je suis né, Morinval, il faut bien que je meure.
Eh bien ! tranquille et gai jusqu'au dernier instant,
Comme je vis heureux, je dois mourir content.

(COLLIN D'HARLEVILLE.)

LXII

Le Lapin et la Sarcelle [2].

Unis, dès leurs jeunes ans,
D'une amitié fraternelle,
Un lapin, une sarcelle,
Vivaient heureux et contents.

---

[1] On appelle patriarches les saints personnages du commencement du monde, qui sont parvenus à une grande vieillesse.
[2] La sarcelle est un oiseau aquatique.

Le terrier du lapin était sur la lisière
D'un parc bordé d'une rivière.
Soir et matin, nos bons amis,
Profitant de ce voisinage,
Tantôt au bord de l'eau, tantôt sous le feuillage,
L'un chez l'autre étaient réunis.
Là, prenant leurs repas, se contant des nouvelles,
Ils n'en trouvaient point de si belles
Que de se répéter qu'ils s'aimeraient toujours.
Ce sujet revenait sans cesse en leurs discours.
Tout était en commun, plaisir, chagrin, souffrance.
Ce qui manquait à l'un, l'autre le regrettait ;
Si l'un avait du mal, son ami le sentait ;
Si d'un bien, au contraire, il goûtait l'espérance,
Tous deux en jouissaient d'avance.
Tel était leur destin, lorsqu'un jour, jour affreux,
Le lapin, pour dîner, venant chez la sarcelle,
Ne la retrouve plus ; inquiet, il l'appelle ;
Personne ne répond à ses cris douloureux.
Le lapin, de frayeur l'âme toute saisie,
Va, vient, fait mille tours, cherche dans les roseaux,
S'incline par-dessus les flots
Et voudrait s'y plonger pour revoir son amie.
« Hélas ! s'écriait-il, m'entends-tu ? réponds-moi,
Ma sœur, ma compagne chérie,
Ne prolonge pas mon effroi.
Encor quelques moments, c'en est fait de ma vie ;
J'aime mieux expirer que de trembler pour toi. »
Disant ces mots, il court, il pleure,
Et, s'avançant le long de l'eau,
Arrive enfin près du château
Où le seigneur du lieu demeure.

Là, notre désolé lapin
Se trouve au milieu d'un parterre,
Et voit une grande volière
Où mille oiseaux divers volaient sur un bassin.
L'amitié donne du courage :
Notre ami, sans rien craindre, approche du grillage.
Regarde et reconnaît... ô tendresse! ô bonheur !
La sarcelle : aussitôt il pousse un cri de joie,
Et, sans perdre de temps à consoler sa sœur,
De ses quatre pieds il s'emploie
A creuser un secret chemin
Pour joindre son amie, et, par ce souterrain,
Le lapin tout-à-coup entre dans la volière,
Comme un mineur qui prend une place de guerre.
Les oiseaux effrayés se pressent en fuyant ;
Lui court à la sarcelle, il l'entraîne à l'instant
Dans son obscur sentier, la conduit sous la terre,
Et, la rendant au jour, il est près de mourir
De plaisir.
Quel moment pour tous deux! que ne sais-je le peindre
Comme je saurais le sentir !
Nos bons amis croyaient n'avoir plus rien à craindre ;
Ils n'étaient pas au bout. Le maître du jardin,
En voyant le dégât commis dans sa volière,
Jure d'exterminer jusqu'au dernier lapin !
« Mes fusils, mes furets! » criait-il en colère.
Aussitôt fusils et furets
Sont tout prêts.
Les gardes et les chiens vont dans les jeunes tailles[1],
Fouillent les terriers, les broussailles ;

---

[1] On dit mieux taillis, pour désigner les jeunes arbres.

Tout lapin qui paraît trouve un affreux trépas ;
Les rivages du Styx sont bordés de leurs mânes [1]
    Dans le funeste jour de Cannes [2],
    On vit moins de Romains à bas.
La nuit vient : tant de sang n'a point éteint la rage
Du seigneur, qui remet au lendemain matin
    La fin de l'horrible carnage.
    Pendant ce temps, notre lapin,
Tapi sous des roseaux, auprès de la sarcelle,
    Attendait en tremblant la mort,
Mais conjurait sa sœur de fuir à l'autre bord,
    Pour ne pas mourir devant elle.
« Je ne te quitte point, lui répondait l'oiseau ;
Nous séparer serait la mort la plus cruelle.
    Ah ! si tu pouvais passer l'eau ?
Pourquoi pas ? attends-moi... » La sarcelle le quitte
    Et revient traînant un vieux nid
Laissé par des canards ; elle l'emplit bien vite
De feuilles, de roseaux, les presse, les unit,
Des pieds, du bec, en forme un batelet capable
    De supporter un lourd fardeau ;
    Puis elle attache à ce vaisseau
Un brin de jonc qui servira de câble.
    Cela fait et le bâtiment
Mis à l'eau, le lapin entre tout doucement
Dans le léger esquif [3], s'assied sur son derrière,

[1] Les païens croyaient que l'enfer était entouré d'un fleuve appelé Styx, sur les bords duquel s'arrêtaient les mânes ou âmes des morts.
[2] C'est le nom d'une bataille célèbre où Annibal, général carthaginois, vainquit les Romains.
[3] Un esquif est une espèce de barque légère.

Tandis que devant lui là sarcelle nageant
Tire le brin de jonc et s'en va dirigeant
    Cette nef[1] à son cœur si chère.
On aborde, on débarque, et jugez du plaisir !
    Non loin du port on va choisir
Un asile où, coulant des jours dignes d'envie,
    Nos bons amis, libres, heureux,
    Aimèrent d'autant plus la vie
    Qu'ils se la devaient tous les deux.

                  (FLORIAN.)

LXIII

Le Sommeil et l'Espérance.

Du Dieu qui nous créa la clémence infinie,
Pour adoucir les maux de cette courte vie,
A placé parmi nous deux êtres bienfaisants,
De la terre à jamais, aimables habitants,
Soutiens dans les travaux, trésors dans l'indigence :
L'un est le doux sommeil et l'autre est l'espérance.
L'un, quand l'homme accablé sent de son faible corps
Les organes vaincus sans force et sans ressorts,
Vient, par un calme heureux, secourir la nature
Et lui porter l'oubli des peines qu'elle endure ;
L'autre anime nos cœurs, enflamme nos désirs,
Et même en nous trompant donne de vrais plaisirs[2].
Mais aux mortels chéris à qui le ciel l'envoie

---

[1] La nef est une petite barque.
[2] On a dit avec raison que l'espérance nous rendait plus heureux
que la réalité.

Elle n'inspire point une infidèle joie[1] ;
Elle apporte de Dieu la promesse et l'appui ,
Elle est inébranlable et pure comme lui.

(VOLTAIRE.)

LXIV

Confiance en Dieu, bonheur de l'innocence.

Que ma bouche et mon cœur et tout ce que je suis
Rendent honneur au Dieu qui m'a donné la vie !
    Dans les craintes, dans les ennuis ,
  En ses bontés mon âme se confie[2].
Veut-il par mon trépas que je le glorifie ?
Que ma bouche et mon cœur et tout ce que je suis
Rendent honneur au Dieu qui m'a donné la vie !
Je n'admirai jamais la gloire de l'impie ,
Au bonheur du méchant qu'un autre porte envie.
    Pour contenter ses frivoles désirs ,
  L'homme insensé vainement se consume ;
     Il trouve l'amertume
     Au milieu des plaisirs[3].
Le bonheur de l'impie est toujours agité :
Il erre à la merci de sa propre inconstance.
    Ne cherchons la félicité
    Que dans la paix de l'innocence.
     O douce paix !

[1] L'espérance en Dieu, en la vie future, est toujours certaine.
[2] Jamais on ne doit désespérer de la bonté de Dieu, qui nous vient toujours en aide quand nous avons le désir de bien faire.
[3] L'expérience de tous les hommes prouve que les méchants ne sont pas réellement heureux.

O lumière éternelle !
Beauté toujours nouvelle !
Heureux le cœur épris de tes attraits !
O douce paix !
O lumière éternelle !
Heureux le cœur qui ne te perd jamais !

(RACINE.)

Pensées.

Dans le bonheur d'autrui je cherche mon bonheur.

(CORNEILLE.)

La vertu d'un cœur noble est la marque certaine.

(BOILEAU.)

Aucun chemin de fleurs ne conduit à la gloire.

(LA FONTAINE.)

Moi, des bienfaits de Dieu je garde la mémoire.

(RACINE.)

C'est n'être bon à rien de n'être bon qu'à soi.

(VOLTAIRE.)

Obliger ses amis, c'est s'obliger soi-même.

(ROTROU.)

Il nous faut en riant instruire la jeunesse,
Reprendre ses défauts avec grande douceur
Et du mot de vertu ne lui point faire peur.

(MOLIÈRE.)

C'est Dieu qui nous fait vivre,
C'est Dieu qu'il faut aimer.

(MALHERBE.)

On dit que pardonner est une œuvre divine.

(REGNIER.)

Aidez-vous seulement et Dieu vous aidera.

(REGNIER.)

N'est-il pas d'un chrétien de pardonner l'offense
Et d'éteindre en son cœur tout désir de vengeance?

(MOLIÈRE.)

O bienheureux celui qui prit, dès son printemps,
La vertu pour objet de ses premières flammes!

(RACAN.)

La renoncule un jour dans un bouquet
Avec l'œillet se trouva réunie :
Elle eut le lendemain le parfum de l'œillet.
On ne peut que gagner en bonne compagnie.

(BÉRANGER.)

Tant de nos premiers ans l'habitude a de force.

(VIRGILE.)

Le ciel par les travaux veut qu'on monte à la gloire.

(VOLTAIRE.)

Qui sert bien son pays n'a pas besoin d'aïeux.

(VOLTAIRE.)

Le bonheur le plus doux est celui qu'on partage.

(DELILLE.)

On ne peut tromper Dieu : la pureté du cœur
Est la plus digne offrande à ce grand bienfaiteur.

(F. DE NEUCHATEAU.)

Heureux l'homme qui veille auprès de la sagesse,
Qui l'écoute en silence et qui grave en son cœur
Ses préceptes divins, source du vrai bonheur.

(LEFRANC DE POMPIGNAN.)

Que vos devoirs soient votre unique étude.

(J.-B. ROUSSEAU.)

Nécessité d'industrie est la mère.

(GRESSET.)

Heureux ou malheureux, l'homme a besoin d'autrui.

(DELILLE.)

C'est avoir fait le bien qu'avoir voulu le faire.

(COLLIN D'HARLEVILLE.)

Soyez docile, enfant, et vous serez heureux.

(*)

Que celui qui t'instruit te soit un second père.

(VOLTAIRE.)

Celui qui met un frein à la fureur des flots
Sait aussi des méchants arrêter les complots.

(RACINE.)

Le ciel est juste et sage et ne fait rien en vain.

(RACINE.)

L'ignorance vaut mieux qu'un savoir affecté.

(BOILEAU.)

Sachons qu'on devient tel que ceux qu'on voit souvent.

(LA FONTAINE.)

Dans l'innocence entretenir sa vie,
C'est le moyen d'en reculer la fin.

(LA FONTAINE.)

Tel donne à pleines mains qui n'oblige personne.
La façon de donner vaut mieux que ce qu'on donne.

(CORNEILLE.)

Les jours donnés à Dieu ne sont jamais perdus.

(LA FONTAINE.)

TABLE DES MATIÈRES

Seconde Partie. — POÉSIE.

www.ingramcontent.com/pod-product-compliance
Lightning Source LLC
Chambersburg PA
CBHW071956090426
42740CB00011B/1966